PSYCHO-
GÉRIATRIE

Éditeurs:
LES ÉDITIONS LA PRESSE (1986)

Conception graphique:
DIANE GAGNÉ

(Les Éditions La Presse [1986] sont une division de
Les Éditions La Presse , Ltée, 44, rue Saint-Antoine ouest,
Montréal H2Y 1J5)

Dépôt légal:
BIBLIOTHÈQUE NATIONALE DU QUÉBEC
2ᵉ trimestre 1988

ISBN 2-89043-242-4

1 2 3 4 5 6   93 92 91 90 89 88

PSYCHO-GÉRIATRIE

Dr N. Moamai

la presse

Sommaire

Avant-propos

La vieillesse est une notion abstraite, à savoir qu'il n'existe pas au fond de ligne de démarcation entre le deuxième âge et le troisième âge. Les optimistes pensent que la vieillesse commence à partir du quatrième âge, c'est-à-dire après 85 ans. Cela implique que la majorité des gens meurent très jeunes. En réalité, le vieillissement ne touche pas tout le monde au même moment. Il faut attacher moins d'importance à l'âge chronologique qu'à l'âge fonctionnel. Par exemple, André Gide à 80 ans se sentait jeune, sauf quand il se regardait dans le miroir. Paul Valéry ne se servait jamais d'un miroir, sauf pour se raser et encore les yeux fermés. Chateaubriand peu avant sa mort écrivait : «Je suis un peu sourd, un peu aveugle, un peu impotent, mais rien ne m'empêche d'espérer.»

C'est donc sur ce mot d'espoir que la publication de ce livre trouve sa justification. Il s'adresse à tous ceux qui s'intéressent aux problèmes psychiatriques des sujets âgés, en premier lieu, aux médecins généralistes, aux spécialistes, aux résidents en psychiatrie, aux psychologues et aux gérontologues. Il peut également se révéler un outil très utile aux infirmières, aux travailleurs sociaux et au personnel des établissements pour les sujets âgés. Ce travail de synthèse et de mise à jour contient tous les résumés des expériences cliniques et thérapeutiques, jugées indispensables pour comprendre les troubles psychiques des personnes âgées.

Introduction

Au début du siècle, la société présentait une structure à deux étages, à savoir les enfants et les parents. D'ailleurs, très peu de gens avaient des grands-parents. Ensuite, s'est installée une société à trois étages, à savoir les enfants, les parents et les grands-parents. Toutefois, depuis les années cinquante, nous vivons dans une société à quatre étages, soit les enfants, les parents, les grands-parents et les arrière-grands-parents. Il est à prévoir que d'ici la fin de notre siècle, nous assisterons à une société à cinq étages. Cela implique que plus on monte un étage, plus l'individu âgé perd son autonomie et sa capacité fonctionnelles. Par exemple, les gens du quatrième âge requièrent plus de services et de soins médicaux et psychosociaux que les gens du troisième âge. Il est à envisager que, dans les sociétés de demain, le conflit des générations s'intensifiera de plus en plus, du fait même que les jeunes ne peuvent plus assumer cette charge fantastique des services et des soins médicaux, déjà surchargés et surchauffés.

Il faut donc s'attendre à une crise majeure de financement des soins à venir. Des gens proposent même directement ou indirectement l'euthanasie active pour les personnes âgées. Et on murmure dans les coulisses qu'on devrait confier aux médecins le soin de la pratiquer. Certains États américains organisent déjà un référendum sur la médicalisation de l'euthanasie. Aux Pays-Bas, on a confié aux médecins le soin d'exercer l'euthanasie. Mais à tout point de vue, celle-ci est contraire à l'humanisme médical. Le médecin est formé pour défendre la vie contre la mort, pour protéger Éros contre Thanatos. La médecine est une carrière noble, empreinte de grandeur et de prestige, parce qu'elle est au service de la vie. Cependant, face au vieillissement généralisé de la société, la tentation est grande de culpabiliser les vieillards, en les accusant de consommer trop de médicaments et de soins biopsychosociaux. De ce fait, le sujet âgé en conclut qu'il est un être inutile, qu'il coûte cher et, par conséquent, qu'il est temps pour lui de s'en aller. C'est ainsi que le taux de suicide, et en particulier le suicide rationnel, augmente de plus en plus dans ce groupe d'âge (voir le chapitre 3 sur le suicide des sujets âgés).

CHAPITRE 1

La psychiatrie du troisième âge

Aspect clinique de la maladie mentale au cours du vieillissement

Le vieillissement modifie grandement l'aspect clinique des troubles psychiatriques. L'âge a un effet bénéfique sur la névrose préexistante et entraîne une sédation des troubles psychiques. Par exemple, les symptômes de la névrose obsessionnelle diminuent considérablement après l'âge de 65 ans, les idées obsessives et les actes compulsifs perdent leur intensité. Si un ancien patient, souffrant de névrose obsessionnelle, consulte un psychiatre, c'est souvent pour une dépression situationnelle et non pas pour une obsession. Chez la moitié des schizophrènes, les symptômes principaux vont disparaître ou s'atténuer de façon importante. Notre expérience psychiatrique des vingt-cinq dernières années démontre que la schizophrénie semble protéger contre la démence. En fait, on compte très peu de schizophrènes âgés qui présentent des problèmes de démence dans les institutions psychiatriques.

L'aspect clinique du désordre affectif bipolaire (la psychose maniaco-dépressive) change avec l'âge. La phase maniaque de la maladie devient plus courte et moins forte ; les symptômes de manie sont remplacés en particulier par l'agitation, l'hostilité, le négativisme, le comportement paranoïde et agressif. Le déprimé âgé qui n'entend pas bien finit par mal interpréter les propos des autres et devient agressif. Il faut l'aider à exprimer verbalement son agressivité, autrement il la manifestera par d'autres moyens : négativisme, refus, comportement régressif, actes suicidaires et alcoolisme.

Alcoolisme des sujets âgés

La prévalence de l'alcoolisme est d'environ 10 p. 100 dans ce groupe d'âge. En pratique, neuf fois sur dix, l'alcoolisme a commencé avant l'âge de 30 ans. Après 50 ans, l'alcoolisme tend à diminuer, car, avec l'âge, l'activité sociale diminue et l'individu âgé a moins d'occasions de boire en société.

L'alcoolisme est une maladie autolimitative. Un grand nombre de sujets alcooliques meurent avant 65 ans. Ce n'est donc pas vrai qu'il y a plus de vieux ivrognes que de vieux médecins. En effet, la tolérance à l'alcool diminue avec l'âge, un verre de vin n'a pas le même effet à 30 ans qu'à 60 ans : « Deux verres de vin font l'effet de quatre à 60 ans. » En règle générale, le pronostic est meilleur au troisième âge qu'au deuxième âge.

Syndrome du glissement

Environ 5 p. 100 des patients âgés hospitalisés présentent le syndrome du glissement. Ce syndrome survient au cours de traitements ou dans une période de récupération d'une maladie quelconque : infection pulmonaire, accident vasculaire cérébral, intervention chirurgicale, anesthésie générale, etc. On constate alors un changement brusque du comportement : agitation, hostilité, négativisme et refus. Ce changement du comportement s'accompagne d'une détérioration de l'état général :

- déshydratation ;
- rétention urinaire ;
- état confusionnel ;
- anorexie totale ;
- altération de conscience.

Dans 50 p. 100 des cas, la mort survient en moins d'une semaine, à cause de complications rénales, cardiaques et respiratoires. Il faut transporter le patient au service des soins intensifs, lutter contre la déshydratation, contrôler le fonctionnement cardio-pulmonaire et rénal, établir l'équilibre hydrique, calorique et vitaminique, prescrire des antibiotiques et des antidépresseurs, la sonde à demeure ou la sonde rectale, etc. Sur le plan psychiatrique, on trouve souvent un facteur déterminant précis ou un événement traumatisant tel que :

- la retraite prématurée ;
- la mort du conjoint ou la séparation ;
- les placements multiples ;
- un problème financier majeur ;
- un procès à venir ou un problème avec la justice ;
- la fête de Noël ou d'autres fêtes importantes.

Mais au fond, il existe toujours un désir conscient ou inconscient de se laisser mourir. C'est en ce sens que le syndrome du glissement nous apparaît comme équivalent à la dépression majeure mais en plus sévère et en plus profond.

CHAPITRE 2

La dépression du sujet âgé

La dépression constitue le problème le plus commun de la psychiatrie du troisième âge. Environ 10 à 20 p. 100 des sujets âgés présentent au moins un épisode dépressif après l'âge de 65 ans. La dépression est donc responsable d'une grande partie des hospitalisations des sujets âgés. Dans ce chapitre, nous abordons surtout la dépression majeure et les troubles dysthymiques (la dépression névrotique) chez les sujets âgés.

Dépression majeure

La dépression majeure se caractérise par les symptômes suivants :

- humeur dépressive ;
- perte d'intérêt pour les activités habituelles ;
- perte de capacité d'amour et de plaisir ;
- perte de libido et d'énergie ;
- perte d'appétit et de poids ;
- trouble du sommeil avec réveil précoce ;

- ralentissement psychomoteur et intellectuel ;
- idées de mort et de suicide ;
- sentiment de culpabilité et d'échec ;
- sensation de vide intérieur ;
- auto-évaluation négative ;
- évaluation négative du monde et de l'avenir ;
- détachement envers le milieu environnant.

Chez les déprimés âgés, le sentiment de culpabilité et de mort peut être remplacé par un sentiment de persécution, un comportement obsessif compulsif et des plaintes somatiques. Les idées paranoïdes sont fréquentes notamment chez les déprimés âgés souffrant de surdité ou de cécité. Ici le sentiment d'auto-accusation disparaît et le patient accuse les autres (les enfants, les amis, les voisins). Il manifeste souvent de la méfiance, de l'hostilité, du négativisme et un refus des soins médicaux. C'est pourquoi ces patients sont souvent en mauvais état de santé. Toutefois, si l'on arrive à améliorer leur déficit auditif ou visuel, on peut du même coup améliorer leur état de santé physique et psychologique. Siméone disait : « Le déprimé âgé parle souvent d'un persécuteur qui habite à côté, qui entre dans sa maison, qui vole son argent, abîme ses tapis, empoisonne ce qu'il mange, porte atteinte à son sexe, lui fait perdre ses cheveux, lui envoie des chocs électriques, etc. »

Parfois un conflit interpersonnel ou intra-psychique peut entraîner chez les déprimés âgés un état régressif, au point que le patient se comporte comme un enfant, avec hostilité, négativisme et refus de se lever, de s'habiller, de manger, de parler, etc. Cependant, ces symptômes peuvent cesser rapidement par la pharmacothérapie combinée à la psychothérapie (voir le chapitre 9 sur la psychothérapie des sujets âgés).

**Critères diagnostiques
d'un épisode dépressif majeur**

selon le DSM-III

A. Humeur dysphorique ou perte de plaisir.

B. Au moins quatre des symptômes suivants (pendant au moins deux semaines):

- anorexie et perte de poids ou boulimie et prise de poids;
- trouble du sommeil;
- agitation ou ralentissement psychomoteur;
- perte d'intérêt ou de plaisir;
- perte d'énergie, fatigue;
- sentiments d'indignité, auto-accusation (d'intensité délirante possible);
- diminution de la capacité de penser et de se concentrer;
- pensées récurrentes de mort ou de suicide.

C. Avec ou sans caractéristiques psychotiques.
D. Avec ou sans mélancolie.

Avec mélancolie

- perte de plaisir;
- manque de réactivité aux stimulations agréables habituelles;
- au moins trois des symptômes suivants:

  — qualité particulière de l'humeur dépressive;
  — dépression plus marquée le matin;
  — réveil matinal précoce;
  — agitation ou ralentissement psychomoteur marqué;
  — anorexie ou perte de poids significative;
  — culpabilité excessive ou injustifiée.

Trouble dysthymique ou dépression névrotique

La caractéristique essentielle est un trouble dépressif chronique non psychotique d'une durée de deux ans ou plus. Ce trouble débute habituellement chez l'adulte jeune, mais il peut aussi commencer plus tardivement chez la personne âgée. L'évolution est chronique. Il y a habituellement un facteur de stress psychosocial chronique ou situationnel qui agit sur une personnalité fragile et prédisposée à des conflits névrotiques inconscients. D'après notre impression clinique, le trouble dysthymique est plus courant chez les vieilles personnes (surtout les femmes) que chez les jeunes et il est aussi plus fréquent que la dépression majeure. Chez la personne âgée souffrant du trouble dysthymique, il y a un risque d'abus d'alcool, alors que, chez les jeunes, il y a un risque d'abus de drogue. Une hospitalisation est rarement nécessaire pour les jeunes souffrant de trouble dysthymique, tandis que pour les sujets âgés une courte hospitalisation paraît souvent nécessaire. Parfois le trouble dysthymique chez le sujet âgé peut évoluer, sous le stress intense et prolongé, vers une dépression majeure.

Critères diagnostiques

Au cours des deux dernières années, le sujet a souffert constamment, ou la plupart du temps, de symptômes dépressifs résiduels et non psychotiques ne répondant pas aux critères de dépression majeure. Ce patient se plaint souvent d'au moins trois des symptômes suivants :

- trouble du sommeil ;
- baisse d'énergie ;
- autodépréciation ;
- diminution de l'efficacité au travail ;

- diminution de l'attention et de la concentration ;
- perte d'intérêt et de plaisir pour les activités agréables ;
- retrait social ;
- pessimisme vis-à-vis de l'avenir ;
- rumination d'événements passés ;
- crise de larmes ;
- pensées suicidaires ;
- troubles de l'adaptation.

A. *Les maladies le plus souvent reliées à la dépression sont les suivantes :*

- alcoolisme ;
- maladie d'Alzheimer (démence dégénérative) ;
- maladie de Binswanger (démence vasculaire) ;
- diabète ;
- cancer du pancréas ;
- parkinsonisme ;
- sclérose en plaques ;
- tumeur du SNC ;
- hypothyroïdisme ;
- hyperthyroïdisme ;
- hyperparathyroïdisme ;
- maladie d'Addison ;
- maladie de Cushing ;
- anémie pernicieuse ;
- déficit en acide folique ;
- hypercalcémie ;
- hypoglycémie ;
- influenza ;
- pneumonie virale ;
- hépatite.

B. Les médicaments le plus souvent associés à la dépression :

- Réserpine (Serpasil) ;
- Methyldopa (Aldomet) ;
- Propanolol (Indéral) ;
- Guanéthidine (Ismeline) ;
- Clonidine (Cataprès) ;
- Levodopa (Dopa) ;
- Amantadine (Symmetrel) ;
- Estrogène ;
- Corticostéroïde ;
- Benzodiazépines ;
- Neuroleptiques ;
- Anorexigènes;
- Progestérone.

Dépression masquée du sujet âgé

Dans la dépression masquée, les symptômes psychiques sont au second plan, masqués par les symptômes somatiques qui occupent le devant de la scène. Les plaintes somatiques les plus fréquentes sont les suivantes :

- céphalée ;
- troubles digestifs ;
- douleurs diverses (dorsalgie, douleurs articulaires) ;
- brûlures urinaires ;
- prurit anal ou vulvaire ;
- mauvais goût dans la bouche ;
- brûlures d'estomac ;
- constipation ; etc.

Ces symptômes somatiques sont fluctuants et variables d'un jour à l'autre et ils apparaissent surtout le matin.

L'affect dépressif est peu évident et parfois on parle de dépression sans tristesse ou de dépression souriante. Toutefois, le patient présente habituellement un épisode dépressif antérieur et répond bien aux antidépresseurs. Les plaintes somatiques des sujets âgés sont généralement différentes de celles des patients hypocondriaques. Dans l'hypocondrie, le patient ne parle que de ses symptômes physiques et refuse de parler de ses émotions, de sa tristesse ou d'autres choses. Il n'a pas d'idées sombres, suicidaires, ni de sentiment de culpabilité. De plus, malgré ses symptômes multiples, il ne semble pas souffrant. Au contraire, il semble tirer un certain plaisir à raconter ses problèmes. Par ailleurs, le patient déprimé paraît souffrir de ses problèmes physiques et parle souvent de sa détresse, de ses idées sombres et suicidaires, si on lui donne la chance d'en parler. En outre, ce patient déprimé est souvent préoccupé par un symptôme unique tel que la constipation ou la brûlure urinaire à l'opposé du patient hypocondriaque qui se plaint de nombreux symptômes physiques.

Le diagnostic est généralement facile si l'on cherche, au-delà des plaintes somatiques, les symptômes dépressifs (trouble du sommeil, perte d'appétit, sentiment d'indignité, idée de mort et d'incurabilité).

Dépression et deuil

Le deuil est une réaction normale à la perte d'un être cher ; d'ordinaire, il dure environ trois mois. Un deuil qui se prolonge et s'accompagne de ralentissement psychomoteur, d'idées suicidaires ou d'incapacité de fonctionnement social doit être considéré comme une dépression et traité aux antidépresseurs associés à la psychothérapie. Si le sujet âgé ne parvient pas à accepter la mort de son conjoint, celle-ci constitue une source permanente de souffrance. C'est pourquoi la dépression qui survient pour la première fois à l'âge avancé ressemble à un état de deuil. C'est surtout au cours des deux premiers mois que la personne en deuil est plus vulnérable. Elle se sent inutile, envahie par des idées sombres et un état de détresse. C'est donc lors de cette période qu'elle a besoin de soutien psychologique et affectif.

La durée du deuil varie selon l'individu. Lopata qui a interrogé deux cent quarante-cinq veuves rapporte qu'environ 50 p. 100 d'entre elles ont éprouvé un état de douleur intense pendant un an, 20 p. 100 ont affirmé que l'on ne s'en remet jamais. Les gens qui ne semblent pas réagir au moment de la mort d'un être cher sont plus vulnérables surtout à partir du troisième mois. Si la mort d'un être cher survient soudainement, une vive réaction marquera le deuil. La présence des proches parents et amis permet d'améliorer le moral de la personne en deuil et d'abréger la période de deuil. De plus, la mort prématurée n'est pas rare chez les sujets âgés en deuil et le taux de mortalité augmente de façon significative entre six mois et un an après la mort du conjoint.

La pseudo-démence

Il s'agit d'une dépression à expression démentielle avec altération des fonctions mentales supérieures. Soulignons que devant tout tableau démentiel chez le sujet âgé, il faut penser d'abord à la dépression et non pas à la démence. En effet, le grand danger est de confondre la dépression et la démence. Ce n'est qu'après avoir traité le syndrome dépressif qu'on pourra évaluer l'importance réelle des troubles cognitifs et la détérioration de la mémoire. Toutefois, la démence peut entraîner, lors de sa phase initiale, toute une série de réactions y compris la dépression. De même, un état démentiel peut se manifester au cours de l'évolution d'un état dépressif.

Lors d'une dépression, la personne âgée se plaint la plupart du temps d'un trouble de la mémoire ; il s'agit d'un trouble récent, soudain et variable d'un jour à l'autre. Le patient déprimé se plaint directement de son trouble de la mémoire et répond souvent : « Je ne sais pas, j'ai oublié, j'ai un trou de mémoire. » Son histoire révèle souvent des épisodes dépressifs dans le passé. Toutefois, le trouble de la mémoire disparaît après l'amélioration du syndrome dépressif. En revanche, dans la démence, le trouble de la mémoire est progressif et constant. Le patient cherche à nier son problème ou à le masquer par la fabulation. Enfin, le trouble de la mémoire persiste et s'aggrave avec le temps. D'après le DSM-III, il est préférable de faire le diagnostic de la dépression majeure et de supposer que les symptômes d'allure démentielle sont en fait des manifestations dépressives. Dans ce cas, le traitement à l'aide d'antidépresseurs fait disparaître rapidement les symptômes pseudo-démentiels.

Le traitement de la dépression du sujet âgé

Les patients déprimés âgés consultent rarement les psychiatres. Ce sont surtout les généralistes qui en sont responsables tant sur le plan psychosocial que sur le plan psychothérapeutique. En outre, le malade déprimé âgé exprime souvent son vécu dépressif sous forme de plaintes somatiques et d'anxiété intense. C'est la raison pour laquelle il consulte d'abord le médecin généraliste. Le généraliste prescrit rarement des antidépresseurs, surtout chez les patients âgés en mauvais état somatique. Il a tendance à privilégier l'anxiété et à prescrire un traitement symptomatique de cet état.

Toutefois, lorsque la dépression est bien établie, son traitement rapide à l'aide d'antidépresseurs permet d'éviter le séjour prolongé du patient à l'hôpital. La posologie efficace d'un antidépresseur doit être atteinte très progressivement. L'augmentation graduelle de la posologie permet de limiter les effets secondaires (trouble de l'accommodation et de la vigilance, trouble de la conduction cardiaque, rétention urinaire, hypotension orthostatique avec un risque de chutes et de fractures).

En règle générale, tous les antidépresseurs utilisés en psychiatrie gériatrique ont une activité thérapeutique équivalente. C'est pourquoi le choix principal d'un antidépresseur doit reposer, en premier lieu, sur sa toxicité cardiaque et ses effets anticholinergiques.

Les antidépresseurs agissent très lentement, ils demandent de dix à quinze jours avant de produire leur effet bénéfique. Le patient et son entourage devraient en être avisés. Si, au bout d'un ou deux mois, l'antidépresseur n'a pas agi, c'est qu'il n'agira plus ; il faut changer le traitement et ne pas continuer de prescrire le même médicament. Il faut en même temps se demander si le patient prend régulièrement sa médication. En cas de doute, on peut utiliser le test de dosage sanguin. Il est essentiel d'avertir le patient qu'il ne doit pas cesser brutalement de prendre son antidépresseur lorsqu'il se sent bien. Par exemple, prendre ce médicament quand il est déprimé et ne pas le prendre le lendemain, sous prétexte que tout va bien. Le malade doit absorber son médicament tous les jours pour maintenir un taux sanguin suffisamment thérapeutique. Le choix d'un antidépresseur doit reposer surtout sur l'effet anticholynergique et la toxicité cardiaque.

On sait que sur le plan cardio-vasculaire, les antidépresseurs peuvent causer des troubles variés :

- allongement du temps de conduction ;
- tachycardie ;
- arythmie ventriculaire ;

- hypotension orthostatique entraînant des chutes ou des accidents vasculaires.

Effets anticholynergiques

Les dépresseurs peuvent déclencher des effets atropiniques variés :

- délirium (état confusionnel) ;
- rétention urinaire ;
- complications cardiaques (surtout trouble du rythme et risque de fibrillation ventriculaire) ;
- glaucome ;
- trouble d'accommodation ;
- sécheresse de la bouche ;
- constipation.

C'est pourquoi on devrait prescrire les antidépresseurs avec prudence, en particulier chez les patients âgés présentant des antécédents tels que :

- infarctus du myocarde ;
- trouble urinaire (surtout en présence d'hypertrophie de la prostate) ;
- hyperthyroïdisme ;
- atteinte hépatique ou rénale grave ;
- glaucome à angle étroit (à angle fermé).

Cependant, en cas d'une opération chirurgicale prévue, le médecin traitant devrait réduire graduellement le médicament pour le suspendre. D'un autre côté, l'usage simultané des antidépresseurs et des antiparkinsoniens doit être l'objet d'une surveillance étroite et d'un ajustement régulier et périodique. Chez les personnes âgées, les antidépresseurs sont efficaces avec les doses les plus faibles et ils sont même plus efficaces chez les déprimés âgés que chez les déprimés jeunes. Habituellement, on commence avec une dose très faible (trois à cinq fois moins que la dose maximale pour l'adulte jeune) et on augmente par paliers, en notant la réponse clinique et les effets secondaires.

D'ordinaire, on obtient la réponse clinique après dix à quinze jours et on ne peut pas raccourcir cette période latente en augmentant la dose, car ceci pourrait augmenter le risque des effets secondaires et non pas l'effet thérapeutique. Au cours du traitement, on devrait surveiller la tension artérielle et la cardio-toxicité. Le clinicien devrait choisir autant que possible un antidépresseur dépourvu de l'effet cardio-toxique. Enfin, un patient âgé sur dix présente des troubles iatrogéniques (troubles causés par les médicaments).

GERNER et GARVIK ont traité les déprimés âgés avec placebo, antidépresseurs et psychothérapie. Voici les résultats :

- avec placebo : aucune amélioration ;
- avec psychothérapie : 33 p. 100 d'amélioration ;
- avec antidépresseurs : 83 p. 100 d'amélioration.

Par conséquent, il est toujours préférable de combiner le traitement biologique et le traitement psychologique. Le risque est de ne pas traiter le patient âgé qui souffre de dépression, un déprimé âgé non traité peut se suicider facilement. Ainsi, prévenir le suicide, c'est traiter les déprimés. Nous avons divisé les antidépresseurs en deux groupes :

1. Groupe A

Il comprend les antidépresseurs hypnotiques et anxiolytiques tels que :

- Doxépine (Sinéquan) ;
- Trimipramine (Surmontil) ;
- Maprotiline (Ludiomil).

2. Groupe B

Il comprend les antidépresseurs stimulants et psycho-actifs tels que :

- Désipramine (Pertofran) ; Norpramin ;
- Northiptyline (Aventyl).

Chez les déprimés âgés agités et anxieux, nous prescrivons en premier les antidépresseurs du *Groupe A*. Chez les déprimés inhibés, ralentis et léthargiques, nous préférons prescrire les médicaments du *Groupe B*. Cette stratégie thérapeutique nous permet de mieux contrôler les symptômes dépressifs de nos patients âgés.

Lithium

Le lithium est d'une grande utilité dans le traitement de la dépression bipolaire et de la dépression unipolaire récidivantes. La personne âgée a tendance à présenter des effets secondaires à des taux sériques plus bas que l'adulte jeune. En outre, à cause de la diminution de la fonction rénale, la demi-vie du lithium est augmentée (la demi-vie du lithium est d'environ vingt-quatre heures chez le jeune adulte et de quarante-huit heures chez la personne âgée qui a passé 65 ans). Le taux sérique du lithium chez ce dernier groupe d'âge devrait se situer entre 0,4 et 0,7.

Une nouvelle option pratiquée dans la thérapie au lithium, c'est l'usage de Duralith, le lithium à libération graduelle et prolongée. Duralith est un mélange de carbonate de lithium et de fibre synthétique qui libère graduellement le médicament actif, cette libération du lithium continue pendant une période de six heures ou plus au fur et à mesure que le comprimé est absorbé. Ce mécanisme diminue le risque des effets secondaires imputables à l'absorption rapide du lithium (étourdissements, nausées, vomissements, tremblements). Duralith est un comprimé sécable de 300 mg, le seul inconvénient étant son prix qui est supérieur aux autres lithiums.

Le point sur l'électrochoc
(le pour et le contre)

D'après ses adversaires, l'électrochoc est un traitement archaïque, anachronique et dépassé ; son effet thérapeutique est transitoire et non préventif. En outre, après une amélioration souvent rapide et spectaculaire, on assiste à des rechutes en série avec le risque du passage à la chronicité. Par contre, pour ses partisans, les risques thérapeutiques de l'électrochoc sont extrêmement rares, les accidents mortels sont exceptionnels, et il n'existe aucune évidence de corrélation entre l'ECT et les changements irréversibles dans le cerveau humain. De plus, la rapidité d'action de l'ECT chez les patients déprimés et suicidaires est un avantage non négligeable. En effet, le taux de suicide des malades traités à l'ECT est nettement inférieur à celui des autres patients déprimés traités de façon inadéquate avec des antidépresseurs ou de ceux qui n'ont reçu ni ECT ni antidépresseurs.

Indications

Le facteur important en faveur de l'électrochoc est le danger de suicide. Ainsi, l'ECT est-il particulièrement indiqué dans différentes formes de dépression :

a. Dépression unipolaire récidivante ;
b. Dépression bipolaire ;
c. Dépression d'intensité psychotique ;
d. Dépression des sujets âgés en l'absence d'artériosclérose et sénilité.

(L'ECT est inefficace dans la dépression d'ordre névrotique.)

L'ECT se recommande aussi dans les états suivants :

a. Chez les patients maniaques très agités;
b. Dans la psychose aiguë résistant aux neuroleptiques ;
c. Dans les états confusionnels graves accompagnés d'agitation ;
d. Dans les accès catatoniques accompagnés d'excitation, de stupeur et de négativisme.

Contre-indications

a. Tumeur au cerveau (contre-indication absolue);
b. Anévrisme aortique (risque de rupture) ;
c. Infarctus du myocarde récent ;
d. Insuffisance coronarienne évoluée (risque d'embolie) ;
e. Hypertension intracrânienne et malformation vasculaire cérébrale ;
f. Traitement aux anticoagulants (risque d'hémorragie).

CHAPITRE 3

Vieillissement et suicide

« Ce que l'homme peut faire de mieux,
c'est de durer. »

Il existe très peu d'études consacrées au suicide des sujets âgés, par rapport à l'importante littérature médicale consacrée au suicide en général. Ceci semble témoigner du manque d'intérêt de l'opinion publique pour les problèmes du vieillissement. Et pourtant, sur le plan statistique, on est frappé par la fréquence du suicide chez les sujets âgés. En fait, un suicide sur cinq a lieu entre 55 et 65 ans.

Aux États-Unis, 25 à 30 p. 100 du nombre total des suicides surviennent chez les gens de plus de 65 ans. En outre, le suicide des sujets âgés est plus fréquent que ne le montrent les statistiques. Puisque la mort d'un vieillard semble un phénomène naturel, elle ne donne pas toujours lieu à une enquête pour vérifier s'il s'agit d'une mort naturelle ou d'un suicide. C'est toujours le suicide du jeune qui fait scandale, alors que le suicide du sujet âgé n'a pas de résonance dans l'opinion publique parce qu'il dérange moins. Cependant, les gens âgés utilisent souvent des méthodes radicales : pendaison, armes à feu, saut dans le vide, défenestration, etc. C'est pourquoi chez les sujets âgés, on compte deux tentatives pour un suicide accompli, tandis que chez les jeunes on dénombre vingt tentatives pour un suicide réussi.

Quoi qu'il en soit, le risque du passage à l'acte suicidaire chez le sujet âgé doit demeurer présent à l'esprit du généraliste. Il doit toujours prendre au sérieux la menace de suicide exprimée vaguement par le patient âgé, d'autant plus que la méthode choisie détermine sa volonté de mourir. Une balle dans la tête ou un saut du treizième étage comporte une probabilité de mort plus élevée que le fait d'avaler quelques comprimés de Valium ou de somnifères.

Soixante-quinze pour cent des suicidés avaient consulté leur médecin au cours du mois précédant le décès, en se plaignant surtout de troubles d'ordre somatique. D'après une étude récente, la moitié avait consulté la semaine précédant le suicide et 60 p. 100 de ces cas avaient présenté un indice verbal ou comportemental annonçant la future tentative. D'après d'autres études, sur dix personnes suicidées, huit avaient communiqué d'une façon ou d'une autre leur intention de mourir. Il n'est pas rare que le sujet suicidaire, avant de passer à l'acte, laisse un message quelque part. Parfois, il s'agit d'une lettre écrite juste avant le suicide. Voici un exemple de ce genre de lettre: «Je fais appel à la mort en raison de ma difficulté d'être au monde, car je n'accepte pas de devenir une charge pour la société. Je pense que ma situation est invivable et je ne trouve pas d'autre issue. Je veux oublier, me reposer, dormir profondément.»

Il arrive aussi que le patient âgé suicidaire cache son jeu, dissimule son intention. Il y a des déprimés souriants parmi les personnes âgées qui préparent en cachette la rédaction de leur testament et essayent de mettre en ordre des affaires inachevées.

Facteurs de risque

Le suicide névrotique réussi est plus fréquent que le suicide psychotique. Le taux de suicide est très élevé chez les hommes âgés, alors que chez les femmes il est stable ou subit un léger déclin avec l'âge. Les veufs, les divorcés, les célibataires se suicident sept fois plus que les sujets vivant en couple. Toutefois, le suicide à deux n'est pas exceptionnel.

Les deuils, la maladie, les placements, le manque de perspective d'avenir, l'abandon marquent le vieillissement. La souffrance du patient déprimé âgé ne peut être partagée, car il est souvent privé de ce recours nécessaire à l'autre. En général, le quart des sujets âgés vit seul. Sur ce fond de solitude et de détresse se superpose la trace de la mort. Le sujet déprimé se dit : « Je suis seul, à quoi bon ? »

D'autres facteurs de risque suicidaire sont les suivants : défaut d'intégration sociale, relation avec des personnes ayant tenté de se suicider, lésion cérébrale chez l'individu âgé et alcoolique, agressivité refoulée et inhibée qui ne trouve pas d'autre expression que l'*acting out* suicidaire. La tendance suicidaire augmente chez les individus qui se sont toujours sentis maîtres de leur propre destinée dans la mesure où le sentiment d'emprise sur le monde diminue.

L'idée du suicide, le désir de se donner la mort, est présente chez presque tous les sujets déprimés âgés. Ainsi, *un déprimé bien traité est un suicide évité*. Traiter le suicide, c'est le prévenir, et prévenir le suicide, *c'est traiter la dépression*.

Le suicide rationnel

Environ 30 p. 100 des suicides des sujets âgés sont considérés comme des suicides rationnels. Il s'agit souvent d'une personne tout à fait équilibrée et normale qui n'arrive pas à justifier positivement son existence réduite. Le suicide devient alors comme « une porte de sortie », une façon de mettre fin à cette existence injustifiable. Certains philosophes tels que Kant, Schopenhauer, Nietzsche, Heidegger ont déjà plaidé en faveur de ce genre de suicide rationnel préventif. Dans certaines conditions, l'idée du suicide surgit comme un adieu à la souffrance.

À vrai dire, la personne âgée cherche à disparaître quand elle a perdu l'espoir d'une amélioration de sa condition de vie, estimée pénible et invivable : incapable de se contrôler, de contrôler sa situation, la personne âgée se trouve peu à peu submergée par l'angoisse, et toute angoisse atteignant un stade insupportable peut conduire au suicide. Dans ce contexte, le suicide devient « la plus classique issue de l'angoisse ».

En règle générale, l'acte suicidaire traduit toujours un appel, un message, il résume tout ce que l'individu ne pouvait pas dire ni décrire.

Nous voulons maintenant rapporter quelques exemples d'actes suicidaires préventifs posés en dehors de toute atteinte mentale.

Voici le *premier exemple*, le plus remarquable, décrit par Deshaies. Il s'agit du cas de Paul Laforgue, journaliste et homme politique français bien connu au début du siècle : « Les premier et deux novembre 1911, au congrès de son parti, Laforgue se montre gai, alerte, batailleur comme d'habitude malgré ses 70 ans qui allaient bientôt sonner. Le samedi 26 novembre, il va au cinéma accompagné de sa femme. Le dimanche 27 novembre, le jardinier découvre Laforgue couché tout habillé sur son lit et sa femme assise dans un fauteuil, tous deux morts. Tout était en ordre dans l'appartement. Sur une table, deux lettres ; l'une adressée au docteur Edgar Languet, neveu du défunt, l'autre détaillant les dispositions testamentaires. Voici un extrait de ces lettres : « Sain de corps et d'esprit, je me tue avant que l'impitoyable vieillesse, qui m'enlève un à un les plaisirs et les joies de l'existence et qui me dépouille de mes forces physiques et intellectuelles, ne paralyse mon énergie, ne brise ma volonté et ne fasse de moi une charge à moi-même et aux autres. »

« Depuis des années, je me suis promis de ne pas dépasser les 70 ans, j'ai fixé l'époque de l'année pour mon départ et j'ai préparé le mode d'exécution... je meurs avec la joie suprême d'avoir la certitude que dans un avenir prochain, la cause à laquelle je me suis dévoué pendant 45 ans triomphera. »

Le suicide de Laforgue est un bon exemple de suicide rationnel prophylactique.

Deuxième exemple : Le 11 juin 1963, le vieux Révérend Thich Quang Duc se fait brûler vif, en plein coeur de Saïgon, au milieu d'une foule en prière. Il avait pris la tête d'une procession de cinq cents bonzes et bonzesses tous revêtus de la robe safran et le crâne rasé. Au centre de la ville, il déverse sur lui le contenu d'une bonbonne d'essence et y met le feu : transformé en torche vivante, on pouvait voir qu'il continuait à prier.

Le modèle est oriental. Ce style de suicide fascine les Orientaux par sa simplicité, sa rapidité et son efficacité. Le feu réduit le corps en cendres mais inspire un espoir de renouveau, comme pour l'oiseau Phoenix qui renaît de ses cendres. Gaston Bachelard disait : « Par le feu, tout change. Quand on veut que tout change, on appelle le feu. »

Troisième exemple : Le suicide de Stefan Zweig en 1942 est un autre exemple de suicide rationnel. Lui qui avait décrit dans un de ses livres le suicide du poète allemand Heinrich von Kleist répète cet acte en entraînant, comme Kleist, sa compagne dans la mort.

Quatrième exemple: En 1950, l'écrivain italien Cesare Pavese se suicide en répétant tous les détails du suicide de Rosetta, le personnage de son roman *Tra donne sole*. Pavese, comme Zweig, se suicide pour protester contre la violence et pour la solidarité humaine.

Le rôle du médecin généraliste

L'appréciation du risque suicidaire se pose quotidiennement en médecine et en psychiatrie. L'évaluation du risque suicidaire est en fait un problème de pratique médicale courante. Le médecin praticien peut jouer un rôle important dans l'appréciation du risque et la prévention du suicide. Quelques chiffres permettent de situer la question : environ 45 à 50 p. 100 des suicidés avaient été suivis en médecine générale l'année précédant leur suicide, soit pour une maladie physique indubitable, soit pour des symptômes physiques d'allure hypocondriaque. Le sujet avait exprimé sa dépression en un langage somatique. Le médecin généraliste, dans la plupart des cas, a dit au patient : « Vous n'avez rien de grave ; on ne trouve rien sur les clichés de radiographie. » Dans d'autres cas, le médecin a compris qu'il y avait un problème plus psychologique que somatique, mais il n'a pas pu l'aborder franchement avec le malade. Il a évité d'interroger ce dernier sur l'idée de suicide et n'a pas osé conseiller un traitement psychiatrique.

D'après les statistiques, seulement 10 à 15 p. 100 avaient vu un psychiatre l'année précédant leur suicide. Des trois cent cinq interviews auprès de l'entourage de cent trente-quatre suicidés (cent trois hommes et trente et une femmes), Robins et ses collaborateurs constatent que 69 p. 100 avaient averti d'une quelconque façon leur entourage, 41 p. 100 avaient clairement exprimé leur intention de se suicider et 24 p. 100 l'avaient exprimée de façon indirecte.

Prévention et démarche thérapeutique

La prévention du suicide chez les personnes âgées est avant tout le traitement précoce de la dépression. La dépression doit se diagnostiquer et se traiter rapidement pour éviter le risque du passage à l'acte suicidaire. Malheureusement, un nombre considérable de déprimés ne sont pas diagnostiqués ni traités au bon moment, du fait que leur médecin traitant pense que la dépression est un état normal du vieillissement. Parfois, c'est une véritable attitude de démission : « Je ne peux rien faire pour vous, c'est l'âge ; vous êtes usé ; à votre place, je serais aussi déprimé. » Souvent, le patient déprimé âgé se plaint de problèmes très variés : troubles du sommeil, ralentissement du travail intellectuel, manque d'intérêt et de motivation, sentiments négatifs et dépressifs (reproche, remords, abandon, échec personnel, isolement, inutilité), etc.

De tels problèmes ne sont pas les signes du vieillissement mais les symptômes de la dépression. Parfois, l'agitation et l'anxiété remplacent l'inhibition et le ralentissement, éclipsant ainsi la dépression du sujet âgé. Le patient déprimé, inquiet et agité risque de se suicider au cours d'un paroxysme anxieux.

Cependant, chez certains patients la dépression peut devenir une porte d'entrée dans la démence. En principe, le sujet dément, tout au début de sa maladie, semble subjectivement ressentir que quelque chose est en train de changer en lui et autour de lui, que sa faculté intellectuelle, sa mémoire, sa pensée déclinent. Il a peur de perdre le contrôle de la situation et de s'effondrer. La dépression est donc une réaction à ce pressentiment de désastre et de catastrophe. Mais, au fur et à mesure que la démence progresse, les symptômes dépressifs se diluent dans le tableau démentiel.

L'idée de suicide est présente chez presque tous les sujets déprimés âgés : il n'y a pas de déprimé qui ne pense à la mort. Parfois, le patient déprimé exprime ouvertement ses idées de suicide, mais la plupart du temps, il n'ose pas formuler sa véritable préoccupation et il peut consulter le médecin pour tout autre motif. Le médecin devrait prendre au sérieux tout comportement suicidaire, afin de prévenir le passage à l'acte ou la récidive.

Le thérapeute doit entrer en relation avec le patient déprimé âgé, établir une rencontre en profondeur, demander la coopération de la famille et des amis du patient, proposer un traitement psychiatrique à l'hôpital. Il doit permettre au patient de le contacter à tout moment s'il se sent incapable de contrôler ses idées de mort. Il doit également dire au patient qu'il est prêt à l'aider à tout moment, mais qu'il ne peut rien faire si celui-ci est mort. Dans certains cas, une courte hospitalisation est nécessaire. Elle permet de reconnaître les symptômes présuicidaires et d'établir une thérapeutique adéquate. Toutefois, un séjour prolongé (plus que quatre semaines) peut entraîner une certaine dépendance et prolonger la période de convalescence. Le changement positif du milieu environnant peut grandement diminuer le risque de suicide chez le patient après sa sortie de l'hôpital. En effet, la pulsion suicidaire peut ressurgir au moment de la reprise de contact avec le milieu environnant inchangé par rapport au début de la maladie.

Bref, au-delà de l'hospitalisation et du traitement médicamenteux, un programme thérapeutique plus vaste doit être mis en place, visant à la fois les difficultés psychologiques, sociales et médicales.

Le travail de prévention est encore plus important : il s'adresse à la société tout entière et consiste à modifier l'image et le statut de la personne âgée, à lui donner une place convenable et à la mettre à l'abri de la souffrance. L'acte suicidaire est le baromètre d'une crise psychologique grave, nécessitant une intervention adéquate et rapide sur tous les plans et en toutes circonstances.

Le suicide est un grand problème du vieillissement qui nécessite des recherches multidisciplinaires dans le cadre du modèle biopsychosocial. Nous devons à la fois retarder la mort et améliorer la qualité de vie de nos patients âgés et non pas prolonger leurs souffrances en prolongeant leur vie. Il s'agit de rendre la vie plus riche, plus désirable et plus confortable. La personne âgée doit ressentir que « les plus belles années de sa vie sont celles qu'elle est en train de vivre ».

CHAPITRE 4

Le trouble du sommeil chez le sujet âgé

Le sommeil normal se divise en deux phases : la phase REM (le sommeil aux mouvements oculaires rapides) et la phase NREM (le sommeil aux mouvements oculaires lents). La durée d'un épisode REM est d'environ quinze à vingt minutes ; la durée d'un épisode NREM est de quatre-vingt-dix à cent vingt minutes. Un cycle de sommeil comprend un épisode REM plus un épisode NREM, et nous avons trois ou quatre cycles de sommeil au cours de la nuit.

Le vieillissement modifie considérablement cette architecture normale du sommeil. Le sommeil du sujet âgé perd sa continuité, son efficacité et sa qualité de récupération énergétique. De nombreux éveils brisent et fragmentent constamment le sommeil du vieillard. La phase REM et les stades 3 et 4 du sommeil NREM diminuent considérablement. C'est à cause de tous ces changements que la personne âgée se plaint habituellement du manque de sommeil. Il y a donc toujours le risque de l'abus des benzodiazépines (BZD) chez le vieillard. Le sujet âgé consomme aujourd'hui le tiers des BZD prescrites par les médecins. Au Canada, 20 p. 100 de la population reçoit au moins une ordonnance de BZD au cours d'une année. Trente pour cent des malades hospitalisés reçoivent des BZD. En outre, un patient gériatrique, étiqueté par trois ou quatre diagnostics, consomme en moyenne cinq médicaments différents. Cet abus de médicaments constitue une cause importante de suicide et de décès des sujets âgés.

Notions théoriques

Au début du siècle, Piéron pensait que le cerveau sécrétait une substance narcotique, nommée hypno-toxine, qui s'accumulait pendant le jour et se métabolisait au cours du sommeil. Ensuite, les chercheurs ont trouvé un peptide qui provoquait le sommeil du stade 4. Schneider et Melmert ont isolé ce peptide chez le lapin endormi. En un deuxième temps, ils ont utilisé ce peptide chez des sujets insomniaques avec des résultats prometteurs. D'autre part, on a découvert que le facteur S, un petit peptide isolé dans le cerveau de certains animaux privés de sommeil, était identique à une substance contenue dans l'urine des êtres humains. Injectée à des animaux, cette substance narcotique augmente considérablement le sommeil profond. Un autre facteur favorisant le sommeil est le tryptophane, précurseur de la sérotonine. Depuis quelques années, on essaie de traiter avec succès des sujets souffrant de l'insomnie chronique par le tryptophane dont la dose optimale varie entre cinq et dix grammes. Toutefois, le tryptophane contenu dans les protéines alimentaires est probablement l'hypnotique le plus naturel et le plus sûr dont nous disposons actuellement.

En 1967, Jouvet a relié le mécanisme du sommeil au système des noyaux du raphé du tronc cérébral. Ce système contient de la sérotonine (5-HTP) et la propage dans le système nerveux central. La destruction sélective des noyaux du raphé produit une diminution très importante de la sérotonine au niveau du diencéphale et du télencéphale. L'injection de 5-hydroxitryptophase (5-HTP), précurseur de la sérotonine, plonge rapidement l'animal dans le sommeil. Le système de raphé peut agir soit par l'inhibition du système réticulé activateur ascendant (SRAA), soit directement aux niveaux thalamiques et corticaux en imposant à ces structures une forme d'activité qui serait celle du sommeil. D'après Jouvet, le centre du sommeil REM est le noyau *locus coeruleus* qui contient à la fois des neurones cholinergiques et noradrénergiques.

Par contre, en 1980, Bremer fait remarquer que l'hypothalamus antérieur et la région préoptique sont responsables de l'induction du sommeil par une action inhibitrice sur le SRAA, tandis que les noyaux du raphé sont responsables du maintien du sommeil.

Le syndrome de l'apnée du sommeil du sujet âgé

Le sommeil est un activateur puissant de certains troubles psychiques et somatiques chez les sujets âgés. Certains troubles surviennent plus fréquemment durant la nuit (crise d'angine, crise d'asthme, crise d'épilepsie du lobe temporal et le syndrome d'apnée qui constitue l'une des causes principales de décès des sujets âgés).

D'après les statistiques, environ 40 p. 100 des sujets âgés apparemment asymptomatiques souffrent de l'apnée du sommeil. Le syndrome d'apnée se caractérise par des épisodes répétés d'asphyxie et d'interruption de la respiration. Chaque épisode dure environ dix à quinze secondes et peut se reproduire plus d'une centaine de fois durant la nuit. À chaque épisode, le patient se réveille pour respirer comme s'il avait la tête sous l'eau. Ce syndrome est potentiellement dangereux et peut aboutir à la mort subite par l'arrêt respiratoire et cardiaque.

Sur le plan clinique, il s'agit habituellement d'un homme âgé et obèse qui se plaint de somnolence diurne, de manque de concentration et de vigilance, de perte de la mémoire, d'irritabilité et de tristesse inexplicable, de mal de gorge matinal et de céphalée au cours de la journée. Le patient est généralement accompagné de sa femme qui se plaint de son côté de ne pas pouvoir dormir à cause du ronflement sonore de son mari. Elle a l'impression que son mari ne peut plus respirer durant le sommeil et qu'elle doit le pousser pour qu'il reprenne sa respiration.

Chez le patient apnéique, on peut éventuellement mettre en évidence d'autres indices cliniques : une hypertension systémique, une insuffisance cardiaque droite et une perte de la mémoire des faits récents. Dans l'ensemble, lorsqu'on est devant un homme âgé et obèse qui souffre de somnolence diurne, de troubles de la mémoire, de ralentissement psychomoteur et d'hypertension artérielle, nous devons penser à l'éventualité de l'apnée du sommeil. Au Canada, nous dirigeons ce patient vers un centre de troubles du sommeil qui dispose d'un laboratoire sophistiqué nécessaire à ce genre d'examens. Le diagnostic final est basé sur l'enregistrement polygraphique habituel. Si l'appareil polygraphique enregistre plus de trente apnées au cours de la nuit, notre diagnostic d'apnée est confirmé.

Sur le plan thérapeutique, le traitement vise, en premier lieu, la réduction du poids du malade : à mesure que le poids diminue, le nombre d'apnées diminue. Le patient doit donc perdre du poids, cesser de fumer et éviter l'alcool surtout le soir. Dans l'apnée obstructive et centrale, la pharyncoplastie et la dilatation de la voie nasale peuvent apporter certains soulagements. La technique de relaxation (méthode Schultz) semble être bénéfique. Nous utilisons une faible dose d'antidépresseurs (protriptyline, trimipramine, doxépine).

Par contre, les hypnotiques sont formellement contre-indiqués dans l'apnée du sommeil. Les BZD peuvent augmenter le nombre d'apnées et entraîner une forte désaturation d'oxygène et une exacerbation d'arythmie nocturne. Il existe une hyposomnie physiologique chez le vieillard que nous devons bien connaître pour éviter de prescrire des hypnotiques à n'importe quel sujet âgé qui se plaint d'insomnie. Des études sérieuses ont démontré qu'il n'existe pas de corrélation entre l'évaluation subjective de la durée du sommeil par le patient âgé et le résultat de l'enregistrement polygraphique. Par conséquent, on ne peut pas définir l'insomnie du sujet âgé par le seul critère de la durée du sommeil. Il faut surtout prendre en considération le fonctionnement de l'individu au cours de la journée et son degré de vigilance diurne.

Sur le plan clinique, l'insomnie devient pathologique lorsque le bien-être et le fonctionnement de l'individu sont affectés. C'est seulement dans ce cas qu'on peut prescrire une BZD à très faible dose et pour un temps limité.

Le traitement doit s'appuyer sur la connaissance de l'étiologie de l'insomnie et en dehors du traitement médicamenteux, le médecin doit penser à d'autres traitements : relaxation, thérapie par hypnose, pratique du yoga, exercice physique modéré, marche dans la nature, etc. La prescription prolongée des BZD ne présente donc pas la solution unique au problème de l'insomnie.

Classification des troubles du sommeil

(selon les Centres de recherche sur la physiologie du sommeil)

A. *Troubles de l'endormissement et de la continuité du sommeil (transitoires, situationnels, durables):*

1. Associés à des troubles psychiatriques (troubles de la personnalité, troubles affectifs et autres psychoses fonctionnelles).
2. Associés à l'utilisation de médicaments et d'alcool (tolérance ou sevrage à des psycholeptiques ou dépresseurs du système nerveux central, utilisation chronique de psychostimulants, utilisation durable d'autres médicaments, alcoolisme chronique).
3. Associés à une perturbation respiratoire induite par le sommeil (syndrome d'apnée du sommeil et syndrome d'hyperventilation alvéolaire).
4. Associés à des syndromes de myoclonies liées au sommeil et de jambes sans repos.
5. Associés à d'autres conditions médicales, toxiques et environnementales.

B. *Somnolence excessive pathologique (troubles transitoires, situationnels ou durables):*

1. Associés à des troubles psychiques (troubles affectifs ou autres).
2. Associés à l'utilisation de médicaments et d'alcool (tolérance ou sevrage à des psychostimulants, utilisation chronique de psycholeptiques, perturbation respiratoire induite par le sommeil).
3. Associés à des syndromes de myoclonies liées au sommeil et de jambes sans repos, narcolepsie,

hypersomnie idiopathique, troubles associés à la menstruation, syndrome de Kleine Levin.

C. *Troubles de l'horaire veille-sommeil (changement répété de l'horaire veille-sommeil), syndrome de sommeil avec retard de phase, syndrome de sommeil avec avance de phase, rythme veille-sommeil irrégulier.*

D. *Troubles associés au sommeil:*

- somnambulisme ;
- terreur nocturne ;
- énurésie liée au sommeil ;
- érection douloureuse liée au sommeil ;
- cauchemars ;
- céphalées pulsatiles et hémicranies paroxystiques chroniques liées au sommeil ;
- asthme lié au sommeil ;
- syndrome cardio-vasculaire lié au sommeil ;
- reflux gastro-oesophagien lié au sommeil.

CHAPITRE 5

Vieillissement et sexualité

Chez les êtres humains, le rôle essentiel joué par l'imaginaire et par le fantasme inconscient rend le comportement sexuel plus complexe et plus varié. Le fantasme est le scénario imaginaire qui stimule le désir sexuel. D'après Freud, les fantasmes sexuels sont au fond de toute expression humaine. Chez les sujets âgés, les fantasmes qui accompagnent l'activité sexuelle ont autant de valeur que l'orgasme.

En fait, au cours de la vie, l'énergie libidinale peut augmenter, diminuer, se déplacer, se sublimer mais elle ne disparaît jamais. Tous les sentiments positifs ou négatifs (l'amour, la haine, la tendresse, l'agressivité) en sont imprégnés. Toutefois, beaucoup de gens pensent que la sexualité est une activité réservée aux jeunes et lorsque les sujets âgés vivant seuls songent à se marier, ils rencontrent l'hostilité de leur entourage. Le plus souvent ils se plient à la pression de la famille et refoulent leurs désirs sexuels pour éviter le scandale.

Pourtant, la majorité des gens âgés sont capables d'avoir des rapports sexuels satisfaisants et comme le faisaient remarquer Masters et Johnson, le vieillissement n'implique pas nécessairement la fin de l'activité sexuelle : « L'homme conserve assez fréquemment sa capacité sexuelle jusqu'à 80 ans et même au-delà. Quant aux femmes, leur sexualité ne connaît pas de limites d'âge. »

Dans ce chapitre, nous abordons d'abord le rapport entre le vieillissement et la sexualité chez les hommes et chez les femmes. Ensuite, nous discutons les troubles sexuels des sujets âgés.

La sexualité chez l'homme âgé

D'après Masters et Johnson, « l'homme âgé a besoin de deux à trois fois plus de temps que les jeunes pour atteindre une érection, mais son érection dure plus longtemps sans éjaculation ». Toutefois, le délai nécessaire pour avoir une deuxième érection après l'orgasme devient de plus en plus long.

Chez environ 15 à 20 p. 100 des sujets masculins âgés, l'intérêt sexuel augmente avec l'âge. En fait, la régularité des rapports sexuels constitue le meilleur moyen de conserver la puissance sexuelle jusqu'à un âge avancé. Sur ce point, Huyck pense que « mieux vaut s'y livrer que s'en priver ». Et Freud ajoute : « La masturbation est préférable à l'abstinence totale. »

D'après certaines enquêtes, 70 p. 100 des hommes mariés, tous âgés de plus de 65 ans, avaient une vie sexuelle régulière avec en moyenne quatre coïts par mois. Le quart s'adonnait à la masturbation et un grand nombre avait des érections matinales. À 80 ans, 22 p. 100 avaient encore des désirs et des contacts sexuels, 36 p. 100 faisaient des rêves érotiques et 25 p. 100 réagissaient aux stimuli visuels.

D'après Destrem, entre 60 et 70 ans, le comportement sexuel est semblable à celui du jeune adulte. La fréquence du coït est d'environ une fois par semaine à 60 ans et tous les quinze jours à 70 ans.

En pratique, un homme âgé de 65 ans et en bonne santé peut avoir une vie sexuelle plus enviable que celle d'un jeune adulte de 25 ans qui ne fait pas d'exercice, qui boit trop, qui mange et fume trop et qui est préoccupé par des problèmes de travail. De plus, les hommes qui vivent une sexualité régulière sont moins malades, consultent moins leur médecin, consomment moins de médicaments et vivent plus longtemps que les autres.

D'après Kaplin, «pour un homme qui est sûr de lui, l'âge ne constitue jamais une entrave au plaisir, pourvu qu'il jouisse d'une bonne santé».

La clinique nous enseigne qu'il existe des jeunes de 25 à 30 ans qui sont impuissants et il existe également des sujets âgés de 80 à 85 ans qui sont sexuellement très actifs. De plus, les jeunes qui font l'amour sans amour sont habituellement moins satisfaits que les vieux qui font l'amour avec amour et tendresse.

Beltrami et ses collaborateurs soulignent que, chez les sujets âgés, l'éjaculation est plus lente à arriver: «Ceci représente un avantage pratique. L'homme âgé est capable, mieux que le jeune, de satisfaire sa partenaire en raison de la durée de ses rapports sexuels et de son appréciation des nuances de volupté. Son érection n'est pas dure comme du roc, mais elle se prolonge plus longtemps. Toutefois, si l'érection disparaît pendant un jeu sexuel sans aboutir à l'éjaculation, il faut un délai de douze à vingt-quatre heures avant l'apparition d'une nouvelle érection.»

Cependant, l'homme âgé ne trouve pas toujours dans le coït un plaisir aussi violent que le jeune. «Il n'a pas l'impression triomphale d'un jaillissement, d'une explosion.» Beaucoup d'hommes âgés préfèrent leurs fantasmes au corps de leur compagne, et une solution à laquelle ils se rallient, c'est la masturbation. « Le coït est une opération beaucoup plus complexe que la masturbation puisqu'elle est un rapport à l'autre », écrit Simone de Beauvoir.

Le sujet âgé peut souvent prendre plaisir à des lectures érotiques, à des oeuvres d'art libertines, à fréquenter des jeunes femmes. Parfois il se livre au fétichisme, au voyeurisme et à l'exhibitionnisme. Lorsque le plaisir génital est affaibli, ce sont tous ces éléments qui occupent la première place.

Les gens âgés impuissants se rendent parfois coupables d'attentats contre des enfants ou d'attentats aux moeurs (exhibitionnisme, voyeurisme, etc.). D'après Henri Ey, la plupart des attentats sexuels commis contre des enfants ont pour auteurs des vieillards.

La sexualité chez la femme âgée

Environ 3 000 ans avant Jésus-Christ, sur les papyrus égyptiens, on trouve des recettes d'aphrodisiaques, ce qui démontre que la recherche du plaisir est très ancienne. Toutefois, à travers les siècles, il est très peu question de la jouissance féminine. Tout comportement sexuel chez la femme hors de la reproduction suscite la réprobation. Tout est sous le primat de la procréation.

Dans un livre récent, Gourvitch nous révèle la situation de la femme dans la Rome antique : « Elle est infériorisée, fragilisée, faible et malade par nature. Elle est l'être inférieur de l'intérieur, réduit à un simple organe de plaisir et de production. Elle est exclue de la culture, de l'art et de l'écriture. » Il y avait une certaine tentative d'émancipation de la femme romaine, mais cette tentative est restée pleine d'embûches. En effet, la femme romaine libérée n'a pas connu finalement la sécurité. La femme qui a tenu à sa sécurité a perdu sa liberté et celle qui a conquis sa liberté a perdu sa sécurité.

Comme le souligne Flandrin, ce n'est qu'à la Renaissance qu'on voit apparaître pour les femmes le devoir et le droit de la jouissance, et il est accepté que la femme se donne l'orgasme par ses propres moyens lorsque le mari n'y a pas suffi.

Selon Kinsey, « chez la femme à 60 ans, ses possibilités de désir de plaisir sont les mêmes qu'à 30 ans ». La femme peut aimer faire l'amour même si elle n'atteint pas l'orgasme. Les plaisirs préliminaires, d'après Simone de Beauvoir, comptent pour elles plus encore que pour les hommes. Cependant, il est très difficile à la femme âgée d'avoir des partenaires extra-maritaux. Elle plaît encore moins aux hommes que le vieil homme aux femmes. Dans son cas, la gérontophilie n'existe pas. « Elles restent tourmentées par des désirs. Elles les apaisent ordinairement par la masturbation. » La femme âgée aime des rapports de discrète coquetterie avec des hommes plus jeunes qu'elle. Elle est sensible à des attentions démontrant que pour eux, elle demeure encore une femme.

On sait qu'environ 90 p. 100 des femmes entre 45 et 65 ans voient l'arrêt de leur cycle menstruel. Ceci peut causer chez un certain nombre de femmes un débalancement psychologique (irritabilité, instabilité affective, dépression et agressivité). De plus, un dérèglement transitoire du SNA peut se manifester par des bouffées de chaleur, céphalées, vertiges, sentiment de fatigue et troubles du sommeil.

Toutefois, Beltrami et ses collaborateurs soulignent que la capacité sexuelle ne se limite pas aux années qui précèdent la ménopause. Les femmes âgées sont capables d'avoir une vie sexuelle agréable et des orgasmes répétés. En fait, pour un grand nombre de femmes, la ménopause est considérée comme une nouvelle étape de la vie et une occasion de vivre une seconde lune de miel.

Étant moins préoccupées par les enfants et les soucis matériels, elles peuvent consacrer plus de temps à leur bien-être personnel et à leur vie de couple.

Par ailleurs, Masters et Johnson soulignent qu'il n'existe aucune raison physiologique susceptible d'empêcher les femmes âgées de poursuivre leur activité sexuelle au même rythme qu'avant la ménopause. Le clitoris des femmes âgées demeure très sensible, mais la lubrification vaginale se fait plus lentement que chez les sujets plus jeunes.

D'après certains auteurs, la ménopause engendre chez certaines femmes une intensification des désirs et des réponses sexuelles. Masters et Johnson notent que les femmes âgées dont les rapports sexuels sont rares ou qui se masturbent rarement ont souvent un coït difficile et douloureux. Par contre, les femmes dont la vie sexuelle est régulière et active connaissent peu souvent des difficultés de lubrification vaginale ou des distensions du vagin. Pour ces auteurs, l'un des meilleurs moyens de prévenir la diminution de l'appétit et des réponses sexuels à un certain âge, c'est la régularité de l'activité sexuelle y compris la masturbation.

Troubles sexuels

L'éjaculation précoce constitue le trouble fréquent chez l'homme (environ une consultation sur trois en sexologie). Dans environ deux tiers des cas, les troubles de l'érection et de l'éjaculation précoce sont d'origine psychique (sentiment de culpabilité, angoisse de castration, crainte face au vagin, fantasme destructeur, désirs incestueux inconscients et crainte provoquée par le premier échec). D'autres causes de troubles sont moins fréquentes (alcoolisme, toxicomanie, maladies psychosomatiques, diabète, chirurgie de la prostate, etc.).

Beaucoup de malades cardiaques présentent la crainte de reprendre leur activité sexuelle à la suite d'un infarctus récent. Toutefois, d'après Griffith, le retour à la vie sexuelle après un accident coronarien est d'un grand secours : «L'hypertension causée par la tension sexuelle constitue un danger plus grave pour les cardiaques que les rapports sexuels fréquents.» Hellerstein et Fridman ajoutent que «la dépense d'énergie d'un rapport sexuel est inférieure à celle qu'entraîne la conduite d'une voiture». Cependant, en dépit de ces assurances, de nombreux cardiaques craignent de mourir subitement pendant le coït. Dans leur esprit, tout orgasme est aussi fatal qu'une crise cardiaque. Masters et Johnson font remarquer que «c'est l'émotion et non pas l'effort physique associé aux rapports sexuels qui augmente le rythme cardiaque».

Chez la femme, l'absence de désir sexuel apparaît comme une anorexie mentale. Elle est souvent d'origine psychique (troubles dépressifs, anxieux, phobiques, obsessionnels, hystériques, crainte inconsciente liée à l'interdit de l'inceste et difficulté à s'abandonner). Dans le vaginisme, par exemple, on trouve souvent un conflit psychique intense, générateur d'anxiété et de douleur. Ici le plaisir transformé en douleur somatique semble abolir la douleur psychique. C'est pourquoi sur le plan clinique, le vaginisme est aussi fréquent chez les jeunes filles que chez les femmes qui ont accouché à plusieurs reprises. Le traitement est donc surtout la psychothérapie d'orientation analytique (voir le chapitre 9 sur la psychothérapie).

Un autre point à souligner est le problème d'homosexualité chez les sujets âgés. En fait, les vieux homosexuels sont privés d'enfants et des avantages du mariage. Ils éprouvent plus de difficultés à établir de nouvelles amitiés et ils sont souvent privés d'un foyer stable.

Malheureusement, il y a très peu d'études portant sur l'homosexualité des sujets âgés. Il y a également peu d'études portant sur la vie sexuelle des sujets âgés dans les foyers d'accueil. Parfois le foyer d'accueil tente de réglementer la vie sexuelle et adopte l'idée erronée que les rapports sexuels chez les gens âgés sont anormaux. De ce fait, l'attitude du personnel est tout à fait négative vis-à-vis du comportement sexuel des gens âgés, notamment en ce qui concerne la masturbation. Toutefois, la plupart des centres d'accueil adoptent une politique libérale basée sur le principe que les rapports sexuels touchent la vie privée des seuls intéressés.

CHAPITRE 6

La démence

La démence se caractérise essentiellement par la perte des capacités intellectuelles et l'atteinte globale des fonctions cognitives.

Dans un premier temps, le déficit concerne la mémoire, le jugement, la pensée abstraite et toutes autres fonctions supérieures.

Il y a aussi le changement de la personnalité et du comportement.

Jadis, le terme de démence supposait souvent une évolution progressive et irréversible. Cependant, dans le DSM-III, la définition de la démence repose exclusivement sur des symptômes cliniques et n'implique pas de connotation pronostique.

La démence peut être progressive, stable ou en rémission. Sur le plan clinique, l'altération de la mémoire est habituellement le symptôme prédominant. Le sujet peut oublier les noms, les numéros de téléphone, les directions, les événements de la journée.

Il peut laisser des travaux inachevés parce qu'il oublie de les reprendre après une interruption. Par exemple, il peut laisser couler l'eau dans l'évier ou oublier d'éteindre la cuisinière.

Dans les formes évoluées de démence, l'altération de la mémoire est souvent si sévère que la personne oublie le nom de ses proches, son métier, sa date de naissance, ou même, parfois, son propre nom.

Au début, le patient oublie le nom d'objets familiers tels que la montre, la cravate, le stylo, etc. Ensuite, il se produit un télescopage des souvenirs. Par exemple, le patient ne sait pas s'il s'est marié avant ou après ses études universitaires.

Les points de repère sont perdus. Le patient cherche à combler le trou de mémoire par la fabulation.

La fixation devient de plus en plus difficile. Par contre, l'évocation des souvenirs lointains devient plus facile.

Parfois, la mémoire ne peut plus rien enregistrer : le patient fabule, se crée un monde imaginaire et raconte sa vie comme un roman décousu.

Ainsi, une patiente démente de 87 ans nous disait : « Ma mère est enceinte de trois mois, ma grand-mère se marie, et demain je ne peux pas aller à l'école. »

Troubles des fonctions supérieures

Il peut exister un certain degré d'aphasie, d'apraxie et d'agnosie.

Le langage peut apparaître vague, stéréotypé et imprécis avec de longues phrases. Il peut exister des signes spécifiques d'une aphasie telle que la difficulté à désigner des objets.

La capacité praxique est presque toujours altérée. On arrive à le démontrer en faisant recopier des figures à trois dimensions (assembler des blocs, etc.).

Les agnosies (impossibilité de reconnaître ou de déterminer les objets) et les apraxies (incapacité à réaliser des activités motrices) sont souvent présentes.

On constate presque toujours une modification de la personnalité. La personnalité perd sa vivacité, sa plasticité, et l'entourage du patient le décrit comme n'étant plus la même personne.

Caractéristiques associées

Dans les formes légères et lorsque l'individu conserve encore une certaine conscience de la détérioration de ses capacités, il peut réagir par une anxiété intense ou une dépression marquée.

Des tentatives pour cacher ou compenser les déficits intellectuels, subjectivement perçus, sont très courantes. Dans certains cas, le patient peut développer un mode de pensée paranoïde, un délire de persécution, de jalousie, d'infidélité conjugale et peut passer de l'agression verbale à l'agression physique. Parfois, au début de la maladie, on remarque une excitation générale reliée à une hyperactivité insensée. Le patient peut entreprendre toutes sortes de choses. Son désir sexuel déjà disparu réapparaît. Il manifeste un intérêt accru pour l'alcool, les mets épicés, etc.

Après cette phase d'hyperexcitation, s'installe l'état permanent de la démence. À ce stade, le tableau clinique est clair : les troubles des fonctions cognitives deviennent plus apparents. Le comportement et la personnalité sont affectés, le patient peut être totalement incapable de prendre soin de lui-même. Il néglige sa tenue vestimentaire et sa toilette. Il accumule autour de lui des objets inutiles, il accuse les autres de voler son argent parce qu'il oublie où il l'a caché.

Il utilise un langage grossier, il fait de mauvaises plaisanteries, sa conduite sociale se détache des règles conventionnelles. Par exemple, une vieille fille peut faire des propositions sexuelles à des inconnus, un retraité peut voler à l'étalage.

Le patient dément est particulièrement sensible aux stress physiques et psychosociaux. Par exemple, le deuil ou la retraite peut considérablement aggraver ses déficits intellectuels.

Évolution

L'évolution dépend de l'étiologie sous-jacente. La maladie peut débuter soudainement quand elle résulte d'un épisode d'une maladie neurologique comme une hypoxie cérébrale, une encéphalite ou un traumatisme crânien. La démence dégénérative survient habituellement de façon lente et insidieuse.

La démence résultant d'une tumeur du cerveau, d'une hémorragie sous-durale et de causes métaboliques peut également survenir progressivement.

Quand le trouble sous-jacent à la démence peut se traiter comme dans l'hypothyroïdie, l'hématome sous-dural ou l'hydrocéphalie à pression normale, le processus démentiel peut être interrompu et même être réversible.

Néanmoins, plus les altérations des structures cérébrales sont étendues, moins l'amélioration clinique devient probable.

Complications et handicaps

L'atteinte des fonctions intellectuelles dans la démence est suffisamment sévère pour retentir sur le fonctionnement social et professionnel. Dans les cas évolués, l'individu perd totalement conscience de son entourage et requiert des soins constants. Il peut vagabonder et se perdre dans son propre quartier. Il peut parfois se faire du mal et en faire aux autres.

Les déments sont vulnérables aux infections, aux intoxications qui leur sont souvent fatales.

Le délirium est une complication courante de la démence.

Classification

En pratique, il faut d'abord éliminer ce qui n'est pas une démence et reconnaître avant tout ce qui est une démence curable et réversible. Celle-ci est causée par différents facteurs qui sont une hydrocéphalie à pression normale, un traumatisme cérébral, un hématome sous-dural, une tumeur cérébrale, la maladie de Parkinson, une intoxication éthylique et médicamenteuse, la prise prolongée de certains médicaments (psychotropes, méthyldopa, bêta-bloquants), des troubles métaboliques et toxiques, une carence vitaminique (particulièrement en vitamine B_{12}), une carence en acide folique, l'hypothyroïdisme, un état post-anoxique ou post-hypoglycémique, la dépression majeure, une encéphalite virale ou la maladie de Creutzfeldt-Jacob.

Par la suite, on doit distinguer les types de démence. Sur le plan clinique, il en existe trois types :

1. Démence sénile de type Alzheimer ou DSTA (démence dégénérative) ;
2. Démence sénile de type Binswanger ou DSTB (démence vasculaire) ;
3. Démence sénile mixte ou DSM (où s'associent les deux processus lésionnels).

Parmi cent patients déments, il y a environ 40 p. 100 de DSTA, 20 p. 100 de DSTB, 20 p. 100 de DSM et 20 p. 100 d'autres (hydrocéphalie normotensive, traumatisme cérébral, hématome sous-dural, etc.).

Le taux de démence est d'environ de 5 à 10 p. 100 après 65 ans. La prévalence augmente au-delà de 75 ans. Étant donné le vieillissement progressif de la population mondiale, incidence et prévalence de la démence ne cessent d'augmenter.

Par conséquent, on devrait prévoir une augmentation considérable des demandes de soins et de prise en charge.

Actuellement, aux États-Unis, 3 millions de malades souffrent de la maladie d'Alzheimer. Au Canada, on évalue leur nombre à 300 000, dont 60 000 au Québec.

Ce qui motive les sujets âgés et leur entourage à formuler des demandes de soins et de services médicaux est une baisse de l'efficience intellectuelle et, plus particulièrement, des capacités de mémoire et d'attention conduisant à la difficulté à s'adapter aux conditions de la vie moderne.

On admet qu'à partir de 60 ou 70 ans, le déficit intellectuel modéré touchant certaines fonctions mnésiques et cognitives est normal. L'apprentissage, le stockage, l'évocation du matériel récemment reçu sont atteints. L'intelligence fluide qui permet la manipulation d'un matériel inédit est affectée, tandis que la mémoire des faits anciens et les acquis d'ordre culturel sont conservés.

A. Démence sénile de type Alzheimer (DSTA)

La DSTA est plus fréquente chez les femmes que chez les hommes. Les descendants directs sont quatre fois plus exposés aux risques que la population en général.

La maladie survient de façon lente et insidieuse avec aggravation régulière et progressive des fonctions mentales supérieures (FMS) et des capacités intellectuelles.

Au début, les troubles de la mémoire sont habituellement le seul déficit. Ensuite, les autres symptômes apparaissent :

- troubles de l'orientation ;
- troubles du jugement ;
- altération de la pensée abstraite ;
- troubles de la personnalité.

Peu à peu, les troubles des fonctions cognitives deviennent plus apparents lorsqu'ils s'accompagnent d'une désintégration progressive des fonctions phasiques, praxiques, gnosiques.

À ce stade, le patient devient incapable de prendre soin de lui-même, de se protéger contre les dangers courants.

L'évolution est fatale et la mort survient en moins de dix ans. La crise épileptique se manifeste dans les derniers mois avant la mort.

Sur le plan histopathologique, il existe souvent une atrophie cérébrale modérée et diffuse qui prédomine sur les lobes temporaux.

L'atrophie résulte de la perte de neurones du cortex entraînant une dilatation ventriculaire et une baisse du poids du cerveau. En outre, on note une dégénérescence neurofibrillaire (DNF), des plaques séniles et des dégénérescences granulo-vasculaires.

Les plaques séniles s'observent principalement dans le cortex cérébral où elles touchent d'abord la corne d'Ammon puis les aires néocorticales affectant surtout la deuxième et la troisième couche.

D'après Buell et Coleman, chez le sujet âgé normal, la plasticité du système nerveux central persiste. Le développement récent des facteurs de croissance nerveux, susceptibles d'accélérer ou de provoquer la régénérescence des fibres nerveuses, fait naître un espoir thérapeutique.

D'autre part, l'examen en microscopie électronique des plaques séniles nous montre que la majorité des prolongements nerveux sont encore morphologiquement peu altérés, c'est-à-dire que les mitochondries et les synapses s'y révèlent encore intacts.

L'arrêt de processus pathologique permet très probablement le retour à un fonctionnement normal (Wisniewsky et Iquibal).

L'atteinte de certains systèmes de neurotransmetteurs et notamment du système cholinergique a fait espérer qu'un traitement substitutif serait susceptible, comme dans la maladie de Parkinson, d'entraîner une amélioration clinique.

Aujourd'hui, d'autres systèmes (noradrénergique, sérotoninergique) sont probablement lésés dans la DSTA.

B. *Démence sénile de type Binswanger (DSTB)*

La DSTB est habituellement secondaire à des accidents vasculaires cérébraux multiples (ischémiques ou hémorragiques). Ce mécanisme est responsable d'environ 20 p. 100 des démences organiques du sujet âgé. De plus, dans 20 p. 100 des cas, il existe une association de la DSTA et de la DSTB.

L'athérosclérose et l'artériosclérose qui affectent les vaisseaux à destinée cérébrale entraînent une occlusion vasculaire.

Si l'un des gros troncs est touché, l'occlusion aboutit à l'infarctus ou au ramollissement cérébral. Si l'occlusion se produit dans l'artère de plus faible calibre, on parle de lacune cérébrale.

L'hypertension artérielle cause des altérations focales des artères et artérioles cérébrales de faible calibre. Ces lésions sont responsables d'hémorragies cérébrales.

Dans certains cas, les infarctus et les hémorragies causés à la suite d'attaques successives, le plus souvent chez des sujets hypertendus, expliquent l'existence de la DSTB.

L'examen clinique détermine des signes neurologiques en foyers, un syndrome pseudo-bulbaire et une altération des fonctions supérieures.

Ces états démentiels sont la conséquence des infarctus du territoire des artères cérébrales antérieures, du territoire paramédian du thalamus ou des infarctus bilatéraux des artères cérébrales postérieures.

Enfin, dans la maladie de Binswanger, des zones (surtout postérieures) de dégénérescence de la substance blanche hémisphérique sont reliées à de multiples lacunes.

Bref, sur le plan histopathologique, on observe le plus souvent des ramollissements multiples, des embolies provenant des artères extra-crâniennes et du coeur ainsi que des lésions surtout pariéto-occipitales.

Sur le plan clinique, la DSTB survient brusquement, évolue par paliers fluctuants avec détérioration par étapes (liée au ramollissement par secteur).

Par conséquent, au début de la maladie, certaines fonctions cérébrales restent intactes. La symptomatologie de la DSTB se résume en une formule :

Symptômes atténués de la DSTA + symptômes neurologiques pseudo-bulbaires + symptômes physiques.

a. Les symptômes neurologiques se caractérisent par :

● La faiblesse des membres inférieurs ;
● La démarche à petits pas ;
● La dysarthrie ;

- La dysphagie ;
- Le rire et le pleur spasmodiques.

b. Les symptômes physiques sont causés par les maladies suivantes :

- Hypertension artérielle ;
- Diabète ;
- Troubles cardio-vasculaires ;
- Maladie vasculaire extra-cérébrale (surtout gros vaisseaux du cou) ;
- Maladie vasculaire cardiaque causant une embolie cérébrale.

On peut souvent découvrir un souffle carotidien et une anomalie du fond de l'oeil.

En dehors des troubles neurologiques et physiques mentionnés, la DSTB se traduit par l'altération fluctuante et progressive de la mémoire, de l'orientation, du jugement, de la pensée abstraite et de la personnalité. Le trouble de la mémoire est moins remarqué que dans la DSTA.

Le sujet conserve souvent la faculté d'autocritique et certains auteurs considèrent la DSTB comme « une démence avec conscience ».

La maladie affecte surtout les hommes âgés et porteurs d'un facteur de risque (HTA, diabète, maladie cardio-vasculaire, ACV répétés, alcoolisme, tabagisme). Le déficit s'aggrave de façon intermittente avec des épisodes confusionnels ou semi-confusionnels.

Un traitement précoce de l'HTA, du diabète ou des troubles vasculaires peut entraver l'évolution de la maladie.

Critères diagnostiques de démence selon le DSM-III

A. Diminution des capacités intellectuelles d'une sévérité suffisante pour retentir sur l'insertion sociale et les activités professionnelles.
B. Troubles mnésiques.
C. Au moins une des manifestations suivantes :
   1. Altération de la pensée abstraite comme en témoignent des interprétations concrètes de proverbe, une incapacité à établir des similitudes et des différences apparentes entre des mots, une difficulté à définir des mots et des concepts et à réaliser d'autres tâches similaires.
   2. Altération du jugement.
   3. Autres perturbations des fonctions supérieures telles qu'une aphasie (trouble du langage lié à un dysfonctionnement cérébral), une apraxie (incapacité à réaliser une activité motrice) malgré une compréhension et des fonctions motrices intactes, une agnosie (impossibilité de reconnaître ou de désigner des objets) malgré des fonctions sensorielles intactes, des troubles des fonctions constructives (praxies), par exemple une incapacité à recopier une figure à trois dimensions, à assembler des cubes ou à placer des bâtons selon une configuration déterminée.
   4. Altération de la personnalité, c'est-à-dire modification ou accentuation des traits prémorbides.
D. Absence d'obscurcissement de la conscience, c'est-à-dire absence de critères de délirium et de l'intoxication, bien que le délirium et la démence puissent se surajouter ou coexister.
E. Soit 1 ou 2 :
   1. Mise en évidence, d'après l'histoire de la maladie, l'examen physique ou les examens complémentai-

res, d'un facteur organique spécifique jugé étiologiquement lié à la perturbation.

2. En l'absence d'une telle mise en évidence, on peut présumer l'existence d'un facteur organique à l'origine de ce syndrome si les affections autres que celles concernant les troubles mentaux organiques ont été raisonnablement exclues et si les modifications du comportement représentent une altération du processus cognitif dans des domaines variés.

En effet, dans de nombreuses études, le processus normal du vieillissement a été associé à diverses modifications des fonctions intellectuelles.

Toutefois, le diagnostic de démence ne se justifie que si la détérioration intellectuelle a une sévérité suffisante pour retentir sur les fonctions sociales et professionnelles.

La démence n'est pas synonyme de vieillissement et elle n'est pas la conséquence inéluctable de vieillissement du cerveau.

Diagnostics différentiels

1. Délirium

Dans le délirium, il existe une altération très marquée de la conscience et de la vigilance. Dans la démence, l'état de conscience est normal.

Dans le délirium, le début est brusque, les symptômes sont typiquement fluctuants. Dans la démence, le début est progressif, les symptômes sont relativement stables et inchangés au moins pendant plusieurs mois.

2. Schizophrénie chronique

La schizophrénie peut être associée à un certain degré

de détérioration intellectuelle. Toutefois, l'absence de pathologie cérébrale reconnaissable contribue à éliminer la démence.

3. Dépression majeure

Dans la dépression majeure, le patient peut se plaindre de troubles de mémoire, de difficultés à penser et à se concentrer, d'une réduction globale des possibilités intellectuelles.

Il peut aussi présenter de mauvaises performances à l'examen des tests neuropsychologiques. Ces caractéristiques peuvent faire évoquer le diagnostic de démence, et ce tableau est parfois dénommé pseudo-démence.

Cependant, la dépression est d'abord un trouble de l'humeur et tous les déficits cognitifs observés sont secondaires au trouble affectif.

La démence est avant tout un trouble des fonctions intellectuelles ; les troubles de l'humeur sont moins fréquents et, lorsqu'ils existent, ils sont globaux.

Les tests neuropsychologiques donnent des résultats fluctuants d'une semaine à l'autre dans les troubles affectifs, contrairement à la démence dont les performances sont constamment pauvres. Quand on ne peut pas trancher de diagnostic précis en faveur de la démence ou de la dépression majeure, il est préférable, d'après le DSM-III, de poser le diagnostic de la dépression majeure. Un traitement avec des antidépresseurs ou des ECT peut clarifier le diagnostic. En fait, s'il s'agit d'une dépression majeure, l'altération cognitive peut disparaître parallèlement à l'amélioration de la dépression.

Dans la dépression majeure chez le sujet âgé, le fonctionnement mental peut paraître perturbé.

En outre, dans beaucoup de cas, la démence et la dépression semblent coexister.

D'autre part, il n'est pas rare de constater qu'un sujet dément a fait dans le passé plusieurs dépressions. Parfois, le patient manifeste une dépression dans la période qui précède la démence.

Sur ce point, nous avons émis l'hypothèse que ce n'est pas une coïncidence chronologique, mais probablement une certaine similarité de structure entre la dépression prolongée et résiduelle et la démence.

Nous pensons qu'une dépression prolongée, chez le sujet âgé abandonné à lui-même, peut entraîner à la longue une détérioration du fonctionnement intellectuel par manque d'usage et peut prédisposer à la démence.

En effet, le patient déprimé âgé cherche à faire cesser son fonctionnement intellectuel générateur de souffrances psychiques.

Ce manque d'exercice intellectuel peut à la longue mener, par le processus de non-usage, à l'atrophie du cerveau.

Par conséquent, une dépression bien traitée chez le sujet âgé peut le protéger contre une démence « secondaire » éventuelle.

Par contre, si le patient déprimé âgé est abandonné à lui-même, son fonctionnement intellectuel peut se détériorer rapidement et le tableau clinique évoluera vers le processus démentiel. Si elle se confirme, cette hypothèse peut avoir une implication préventive importante dans certaines formes de démence.

En effet, environ 40 p. 100 de nos patients étiquetés déments sont curables :

- ce sont les faux déments qui répondent au traitement.

Il est donc essentiel de les démasquer, car il y a le

risque de les voir se transformer à la longue en déments authentiques.

Parfois, un événement traumatisant tel que la mort d'un proche entraîne chez le sujet âgé un état dépressif avec un mode de fonctionnement psychique inférieur à son niveau habituel. Le patient se replie sur lui-même, il devient totalement inactif et démissionnaire, il refuse de manger, de se lever et de faire sa toilette. Le tableau évolue vers un état démentiel avec affaiblissement intellectuel et comportement régressif.

Toutefois, ici, la performance s'améliore lorsqu'on stimule les fonctions intellectuelles.

Un traitement global à la fois psychothérapique, ergothérapique et médicamenteux peut rétablir la situation grâce au retour rapide à l'état antérieur.

L'examen de Folstein

Cet examen nous permet d'évaluer le déficit des fonctions mentales supérieures, mais on ne devrait pas baser le diagnostic de démence uniquement sur ses résultats.

CHAPITRE 7

Délirium
état confusionnel

En 1895, Seglas écrit :

> « Le tableau est spectaculaire, le patient est tout à
> fait désorienté, ne connaît ni les objets familiers ni
> les personnes qui l'entourent, il ne se souvient de
> rien, il a perdu la notion du temps et de l'espace. »

Le symptôme fondamental est une défaillance globale
de la vigilance. Le tableau typique est celui d'un patient
qui devient brusquement confus et halluciné, par exemple, à la suite d'une poussée fébrile.

L'état confusionnel est le plus médical des troubles
psychiatriques. Le tableau apparaît brutalement par
suite d'un traumatisme crânien, de suites opératoires,
d'accidents vasculaires cérébraux ou cardiaques, d'infections, de traumatismes affectifs ou émotionnels.

Le patient semble détaché du monde extérieur, son
regard est dans le vague, son visage est pâle. Il est tout à
fait absent vis-à-vis de la situation présente. Son comportement observable change d'une heure à l'autre : tantôt figé et confus, tantôt agité et turbulent, tantôt lucide
et éveillé pour quelques instants en se demandant : « Où
suis-je ? », « Que se passe-t-il ? »

Ces courtes périodes de lucidité sont très caractéristiques d'un syndrome confusionnel (délirium) et ne se voient pratiquement pas ailleurs.

Durant ces courtes périodes de lucidité, le patient fait un grand effort pour mettre de l'ordre dans ses idées et pour rétablir le contact avec le monde extérieur.

Henrie y écrivait : « C'est la nécessité vitale pour la conscience, même quand elle est tout prêt à s'évanouir, d'être consciente de quelque chose. »

Les états confusionnels ou délirium deviennent de plus en plus fréquents à mesure que l'âge avance.

Les facteurs déterminants chez les personnes âgées sont variés :

- polypathologies somatiques ;
- polypharmacie ;
- accidents vasculaires, cérébraux et cardiaques ;
- infections, en particulier pulmonaire et dyspnéique ;
- souffrances cérébrales anoxiques et métaboliques (par exemple, le syndrome confusionnel postopératoire, etc.).

On insistera pour que le patient âgé présentant le tableau de délirium subisse un examen complet.

Symptomatologie

Le délirium se caractérise par les états suivants :

- obnubilation ou obscurcissement de la conscience ;
- difficulté à soutenir l'attention aux stimuli (externe ou interne) ;
- perceptions sensorielles impropres ;
- trouble du cours de la pensée ;
- altération du cycle veille-sommeil ;
- altération de l'activité psychomotrice ;

- apparition relativement brusque de la maladie accompagnée d'une évolution fluctuante et d'une durée assez brève.

Dans le délirium, il existe une difficulté à déplacer, à focaliser et à soutenir l'attention. Des stimuli appropriés distraient facilement le patient.

Il peut être difficile ou impossible d'engager une conversation avec lui en raison de son manque d'attention.

La distorsion de la perception conduit à une interprétation erronée, à l'illusion et à l'hallucination. Par exemple, le claquement d'une porte peut être pris pour un coup de pistolet.

L'hallucination est habituellement visuelle, mais elle peut aussi affecter les autres sens.

La pensée perd sa clarté et sa finalité. Elle devient morcelée, fragmentée, incohérente.

Le discours devient confus, décousu avec des passages imprévisibles d'un sujet à l'autre.

L'altération cognitive, la désorientation et les troubles de la mémoire sont présents, mais difficiles à apprécier à cause des troubles d'attention graves et du discours incohérent du patient.

La perturbation du cycle veille-sommeil entraîne une diminution de la vigilance (allant d'une simple somnolence à des états de torpeur, de stupeur et de semicoma). Des rêves et des cauchemars intenses sont habituellement présents.

L'activité psychomotrice est perturbée : le patient est alors hyperactif, il ne tient pas en place et il peut tordre ou gratter les draps, tenter de sortir du lit, repousser des objets et des personnes imaginaires ou changer soudainement de position. À l'opposé, le patient peut présenter un ralentissement psychomoteur très marqué et parfois un état catatonique. En fait, le patient peut passer, souvent brusquement, d'un extrême à l'autre. Il peut présenter de l'anxiété, de la peur, de la dépression, de l'apathie, de la fureur ou de l'euphorie.

En outre, le patient peut tenter de fuir son environnement, au risque de se blesser, ou il peut attaquer les autres. Pendant la nuit, il peut crier, appeler au secours, pleurer ou gémir et trembler.

Les syndromes neurovégétatifs sont habituels : tachycardie, rougeur du visage, sueurs, pupilles dilatées, pression artérielle élevée. Le malade est souvent incapable de nommer les choses ou d'écrire son nom et son adresse.

L'âge de l'apparition de la maladie et son évolution

Le délirium peut survenir à n'importe quel âge, mais il est particulièrement fréquent chez l'enfant et chez la personne âgée.

Le délirium se développe habituellement sur une très courte période de temps. Parfois, il apparaît soudainement à la suite d'une crise d'épilepsie ou après un trauma crânien.

Parfois, un état prodromique de quelques heures à quelques jours le précède.

Il y a agitation, difficulté à penser clairement, somnolence diurne, insomnie nocturne, rêves et cauchemars intenses, hypersensibilité aux stimuli auditifs ou visuels, etc.

L'évolution peut être plus lente lorsqu'une maladie systémique ou métabolique est à l'origine du délirium.

La fluctuation des symptômes est l'une des caractéristiques essentielles du délirium. Son état s'aggrave la nuit et dans l'obscurité et il s'améliore dans la matinée avec un état de lucidité. Cette fluctuation peut permettre de distinguer le délirium des autres syndromes cérébraux.

La durée d'un épisode de délirium est d'ordinaire assez courte, environ une semaine, rarement plus d'un mois.

Si l'on corrige rapidement le désordre qui sous-tend le délirium ou s'il disparaît de lui-même, la récupération peut être complète. En revanche, si le trouble sousjacent persiste, le délirium peut progressivement se modifier en un autre syndrome organique cérébral plus stable ou bien conduire à la mort. Si l'on traite tardivement ou de façon inadéquate le délirium, il peut conduire à une démence.

Critères diagnostiques du délirium

A. Obnubilation de la conscience avec réduction de la capacité de déplacer, de concentrer et de soutenir son attention aux stimuli extérieurs.
B. Au moins deux manifestations suivantes :
   1. anomalies de perception : erreurs d'interprétation, illusions ou hallucinations ;
   2. discours par moments incohérent ;
   3. perturbations du cycle veille-sommeil avec insomnie ou somnolence diurne ;
   4. augmentation ou diminution de l'activité psychomotrice.
C. Désorientation et trouble mnésique.
D. Évolution de la symptomatologie sur une courte période (habituellement de quelques heures à quelques jours) et tendance à des fluctuations tout au long de la journée.
E. Mise en évidence d'un facteur organique spécifique lié à la perturbation (d'après l'histoire de la maladie, l'examen physique ou les examens complémentaires).

Facteurs étiologiques

Les causes du délirium sont habituellement extérieures au système nerveux central. Nous résumons ici les facteurs principaux du délirium.

1. *Facteurs médicamenteux*

    - L-Dopa ;
    - Stéroïdes ;
    - Diurétiques ;
    - Neuroleptiques ;
    - Antidépresseurs ;
    - Antiépileptiques.

2. *Facteurs métaboliques*

    - Hypoglycémie (secondaire à la prise d'insuline ou antidiabétiques oraux) ;
    - Hyperglycémie (avec kéto-acidose ou acidose lactique) ;
    - Hypothyroïdie ;
    - Hyperthyroïdie ;
    - Hyper-parathyroïdie ;
    - Hypercalcémie (résultant d'un cancer des bronches ou du sein, myélomes multiples) ;
    - Troubles électrolytiques et déshydratation ;
    - Maladie rénale chronique ;
    - Rétention urinaire aiguë par hypertrophie prostatique ;
    - Décompensation hépatique ;
    - Anémie, perte de sang ;
    - Déficit en vitamines C, B_{12}, B_1, B_2 ;
    - Troubles cardio-vasculaires : arythmie, décompensation cardiaque, embolie pulmonaire, infarctus ;

- TIA (Transit Ischemic Attacks) ;
- Hématome sous-dural ;
- Trauma du crâne ;
- Tumeur ;
- Hydrocéphalie à pression normale ;
- Accident cérébro-vasculaire (ACV) ;
- Affections respiratoires (emphysème, hypoxémie, hypercapnie) ;
- Stress psychiques (émotions, dépression) ;
- Infections (pneumonie ou autres) ;
- Néoplasie.

L'état confusionnel survient presque toujours à la suite d'une étiologie spécifique. La cause étiologique se trouve la plupart du temps parmi les causes citées ci-dessus.

3. Facteurs déterminants

Le cerveau immature ou sénescent est plus exposé au développement d'un délirium. La préexistence de lésions cérébrales ou des antécédents de délirium semble accroître la probabilité de développer ce syndrome.

Diagnostics différentiels

1. Schizophrénie et autres troubles psychotiques.
   Dans le délirium, les symptômes sont fortuits et aléatoires. Son évolution est fluctuante, avec état d'obnubilation, altération globale des fonctions cognitives, changement du tracé de l'EEG (ralentissement généralisé de l'activité de fond). En plus, il y a la cause organique du délirium qui nous permet d'éliminer la possibilité de la schizophrénie.

2. Démence.

Dans la démence, il y a un déficit global des fonctions cognitives survenant sur un état de conscience normal, tandis que le délirium est avant tout un état d'obnubilation de la conscience.

Cependant, les deux syndromes peuvent coexister chez le même patient.

Seule la certitude d'une démence préexistante permet de décider que le patient présentant actuellement un délirium est aussi un dément.

Quand on ne parvient pas à décider si les symptômes sont ceux d'un délirium ou d'une démence, il est préférable de faire un diagnostic provisoire de délirium. Cela devrait conduire à une démarche thérapeutique plus active et, avec le temps, le diagnostic correct deviendra apparent.

En règle générale, dans les unités gériatriques, les patients confus sont plus âgés que les autres malades (95 p. 100 de ces patients ont plus de 70 ans).

On trouve souvent chez ces patients des facteurs déterminants :

- Conflits générateurs de l'anxiété ;
- Deuil ;
- Placements multiples ;
- Rejet et séparation ;
- Peur d'une opération chirurgicale à venir.

Aspects thérapeutiques

- Une prise en charge totale par toute l'équipe soignante est requise. Le patient est maintenu dans un environnement stable, suffisamment éclairé même la nuit, entouré des mêmes visages ;
- L'agitation et la déshydratation sont traitées sans aucune contention ;

PETIT EXAMEN DE FOLSTEIN SUR L'ÉTAT MENTAL

Nom_____ Âge_____ Date de Naissance_____ Date_____

DEMANDEZ AU SUJET DE DIRE :

Son nom_____ Date de naissance_____ Profession_____

	Cote maximale	Cote du sujet	

ORIENTATION

1)   5   ( )   Dites-moi la date_____, le jour de la semaine_____,
la saison_____, l'année_____

2)   5   ( )   Où sommes-nous ? Province :_____, ville :_____
rue :_____, immeuble :_____, étage :_____

ENREGISTREMENT

3)   3   ( )   Mentionnez 3 objets (MAISON, ARBRE, VOITURE).
Prenez une seconde pour prononcer chaque nom.
Par la suite, demandez au sujet de répéter 3 noms.
Donnez un point pour chaque bonne réponse.
Répétez la démarche jusqu'à ce que le sujet apprenne
tous les noms. Comptez le nombre d'essais et notez-le.

No d'essais : _____

ATTENTION ET CALCUL

4)   5   ( )   Demandez au sujet de faire la soustraction par intervalles
de 7 à partir de 100. $100 - 7 = ($ $)$
$93 = ($ $) 86 = ($ $) 79 = ($ $) 72 = ($ $) 65.$
Donnez un point pour chaque bonne réponse.
(Une autre épreuve serait de demander au sujet
d'épeler le mot « MONDE » à l'envers).

ÉVOCATION

5)   3   ( )   Demandez au sujet de nommer les trois objets déjà
mentionnés : MAISON ( ), ARBRE ( ), VOITURE ( ).

LANGAGE

6)   9   ( )   Demandez au sujet de nommer un crayon et une montre
(,   ) (2 points).
Demandez au sujet de répéter la phrase suivante :
« PAS DE SI, NI DE MAIS » (   ) (1 point).
Demandez au sujet d'obéir à un ordre en 3 temps :
« Prenez le morceau de papier à la main droite, pliez-le
en deux et mettez-le sur le plancher (   ).
(3 points).
Demandez au sujet de lire et de suivre l'instruction
suivante : FERMEZ VOS YEUX (   )
(1 point).
Demandez au sujet d'écrire une phrase (1 point)
Demandez au sujet de copier le dessin ci-dessous
(1 point).

Vigilant — somnolent —
stupeur — coma

_____ = Cotation totale

10 — : Démence   20 — : Pseudo-démence   25 — Dépression   27 + : Normal

- Une thérapeutique médicamenteuse sédative constitue l'essentiel du traitement thérapeutique ;
- La posologie doit être adaptée à la cause déterminante ;
- L'élimination des médicaments en cause ;
- Une administration anti-infectieuse ;
- Une réhydratation ;
- L'isolement et le repos dans une ambiance calme ;
- Un vidage de vessie de rétention.

Il faut prescrire un minimum de médicaments. La sédation peut s'obtenir par les médicaments suivants (en très faibles doses et en prn) :

- Alprazolam (0,25 mg) ;
- Lorazépam (0,5 mg) ;
- Bromozépam (1,5 mg) ;
- Clonazépam (0,5 mg) ;
- Halopéridol (0,5 mg).

Certains auteurs proposent une faible dose de thioridazine ou lévomépromazine.

D'ordinaire, si le patient est correctement traité, réanimé, entouré et s'il se trouve en milieu favorable, il présentera une amélioration et une guérison totale.

Si, par erreur du diagnostic, le patient est étiqueté dément en raison de son âge et abandonné à lui-même, ses troubles psychologiques et biologiques s'aggraveront et atteindront un état chronique dans un processus démentiel.

CHAPITRE 8

Le syndrome
du vieillard battu

Il existe une énorme quantité de publications sur les femmes battues, sur les enfants battus, mais presque rien sur la violence infligée aux parents âgés par leurs enfants. Et pourtant, après le problème des enfants battus des années 60 et celui des femmes battues des années 70, le drame des vieillards battus est devenu le problème des années 80, tout au moins en ce qui concerne notre société nord-américaine.

Au Canada et aux États-Unis, environ 15 p. 100 des parents âgés sont menacés, insultés, frappés et battus par leurs enfants. Souvent la destruction systématique des biens matériels fortement investis sur le plan affectif par les parents s'ajoute à cette agression. Dans la majorité des cas, les agresseurs ne présentent pas de problèmes d'ordre psychiatrique et leur violence survient en dehors de toute perturbation psychique caractérisée. Toutefois, dans 20 p. 100 des cas, ce comportement violent est lié à la pathologie mentale :

- déficience intellectuelle ;
- épilepsie du lobe temporal ;
- dépression masquée chez les jeunes ;

- personnalité *borderline* ou personnalité de type antisocial ayant des casiers judiciaires pour vol, viol, vandalisme, trafic de drogues ou d'autres comportements délictueux.

Au fond, par son comportement destructeur, le sujet violent semble vouloir dire à ses parents affaiblis et fragilisés par le vieillissement : « Soyez forts et faites-moi peur, parce que j'ai peur de moi-même *et de mes actes.* »

Et puisque cette demande ne peut pas se réaliser, le jeune agresseur s'enlise de plus en plus dans une escalade de violence sans issue. Dans certaines circonstances, sa réaction violente dirigée contre l'un de ses parents semble exprimer le désir inconscient de l'autre parent (le père ou la mère). En effet, la victimiologie nous révèle qu'il existe parfois une véritable réciprocité entre l'agresseur et la victime, une sorte de rapport mutuel à double sens, un processus d'attraction et de répulsion. La victime peut même collaborer inconsciemment à l'agression.

La plupart du temps, le sujet âgé, victime d'abus et de violence, présente un sentiment ambivalent envers l'agresseur. Il manifeste à la fois la crainte et le désir de ce qu'il craint. Par exemple, il refuse de quitter le milieu familial malgré le risque et le danger ; il estime que la solution de placement, souvent proposée par les intervenants, est plus grave que la situation d'abus et de violence dans la famille. Parfois, après avoir accepté une telle solution, il essaie de revenir plus tard dans la même situation d'abus. Ernest Jones disait : « Au fur et à mesure que l'enfant grandit, sa position par rapport à ses parents change. » De l'autre côté, les parents, à un tournant de leur existence, deviennent effectivement les enfants de leurs enfants et les enfants deviennent les parents de leurs parents. Ce renversement des rôles fait apparaître chez certains sujets âgés le complexe d'Ouranos qui est le complexe d'Oedipe inversé : maintenant ce n'est pas le fils qui craint le père, mais c'est le père vieillissant qui craint la castration par son fils. Dans cette situation nouvelle, l'enfant peut se comporter envers ses parents exactement comme ses parents se sont comportés envers lui quand il était petit. Heureusement, la plupart du temps, les jeunes contrôlent leur hostilité parce qu'ils comprennent qu'un jour ils seront vieux à leur tour. En effet, la vieillesse est le destin biologique de tous les êtres humains et l'avenir de la jeunesse.

En 1955, Grotjahn écrivait : « Lorsque nous voyons nos enfants grandir, nous éprouvons en nous l'inversement du complexe d'Oedipe. » C'est pourquoi, au cours de la psychothérapie des sujets âgés, nous devons analyser l'angoisse de castration avant l'angoisse de la mort, parce que derrière leur crainte de castration, il y a la pulsion de mort.

Statistiques et législation

D'après une étude récente du gouvernement du Canada, environ 4 p. 100 des personnes âgées sont victimes d'abus et de violence. Cette étude s'occupe uniquement des sujets âgés vivant dans la communauté, tandis que les institutions pour vieillards sont également un milieu propice aux abus et à la négligence. Les rapports récents des enquêteurs et des coroners canadiens sur les morts subites des personnes âgées dans les établissements pour vieillards révèlent que la mort subite est souvent causée par des facteurs d'abus et de négligence : manque de soins appropriés, carence de personnel qualifié, absence de surveillance adéquate, usage abusif de médicaments, etc. Malheureusement, le gouvernement du Canada, dans certaines provinces, au lieu de prendre des mesures préventives a pris des mesures punitives, en adoptant une législation qui exige l'obligation de rapporter les cas d'abus et de négligence dans les institutions pour vieillards. D'après cette loi, toute personne qui possède des informations révélant qu'une personne âgée a besoin de protection et qui n'en avise pas le ministère de la Justice est coupable d'une offense.

Récemment, Carl Pillemer et ses collègues ont étudié 2 020 personnes de plus de 65 ans, choisies au hasard dans la région de Boston. Ils ont découvert que 3,2 p. 100 ont été victimes de brutalité. Les personnes âgées en mauvaise santé avaient subi quatre fois plus de violence physique que celles qui étaient en bonne santé. Une autre étude publiée en 1986 a démontré que 58 p. 100 des cas d'abus se sont produits dans les couples et 24 p. 100 ont été commis par les enfants. Selon une autre étude faite au Manitoba en 1982, l'abus financier était la forme la plus courante d'abus. En deuxième et troisième place revenaient la cruauté mentale et la brutalité. D'après cette étude, deux tiers des victimes étaient des femmes veuves âgées de 70 ans et plus qui avaient des pensions et des revenus importants. Elles se plaignaient dans 25 p. 100 des cas que leurs propres enfants ne leur permettaient pas de dépenser leur argent parce qu'ils attendaient de l'hériter plus tard intégralement. Par exemple, lorsqu'une femme de 80 ans a annoncé à ses enfants son désir de faire une croisière de luxe, les enfants ont essayé de la faire mettre sous curatelle. Toutefois, l'examen psychiatrique a révélé qu'elle était parfaitement capable de gérer ses biens et sa personne.

Le cas suivant est un exemple typique d'abus financier et de négligence. Il s'agit d'un homme célibataire de 42 ans, alcoolique, sans emploi, qui s'est installé chez sa mère après un court séjour à l'hôpital psychiatrique. La mère, veuve, âgée de 74 ans, vit de sa pension et de ses revenus. Lorsqu'elle est devenue plus faible et plus dépendante, son fils a pris l'habitude d'encaisser ses chèques de pension et de les dépenser dans les tavernes. Un jour, il a laissé sa mère dans la cuisine pour aller boire. Quand il est revenu quelques jours après, la mère était encore dans la cuisine, étendue par terre dans ses excréments, désorientée et confuse ; transportée à l'urgence de l'hôpital, son cas s'est ajouté à une centaine d'autres cas semblables d'abus et de négligence. Parmi ces autres victimes, plusieurs souffraient de blessures, de cicatrices, de dislocation des épaules et de fractures causées de toute évidence par la violence physique.

En règle générale, quand un jeune adulte ayant des antécédents psychiatriques commet un acte violent, on pense que c'est le psychiatre qui est responsable parce qu'il a laissé le patient psychiatrique en liberté. Alors le sujet violent est ramené à l'hôpital et confié de nouveau au psychiatre. Les autres médecins jugent aussi que le problème de violence relève d'une seule spécialité médicale, c'est-à-dire la psychiatrie. La violence ainsi médicalisée est devenue finalement une maladie psychiatrique. Par conséquent, le psychiatre doit en reconnaître les symptômes, le diagnostic et le traitement. Cependant, sur le plan clinique, ce dernier devrait s'occuper uniquement des problèmes médicaux de la violence. Il ne doit pas intervenir si un traitement psychiatrique n'est pas indiqué ou justifiable. En effet, le psychiatre est avant tout un médecin dont le souci principal est d'ordre thérapeutique. Sinon, c'est la psychiatrie elle-même qui perd son sens médical.

La prévention

Pour la mise sur pied de mesures préventives, il faut la collaboration multidisciplinaire de l'appareil judiciaire, du service social, du service de gérontologie, de gériatrie, de psychogériatrie et de psychiatrie générale.

Les personnes âgées doivent participer activement à ce programme préventif. En outre, le personnel bénévole peut jouer un rôle considérable. On devra bien informer les personnes âgées de leurs droits et des formes de recours existantes. Il faut une campagne de sensibilisation du public, du corps policier, de la famille et du personnel des établissements pour vieillards, parce que ces milieux institutionnels sont malheureusement générateurs de violence, d'abus et de mauvais traitement à l'endroit des vieillards.

CHAPITRE 9

Psychothérapie des sujets âgés

« Sans technique, la médecine ne serait pas un métier ; sans humanisme elle ne serait qu'un métier. »

JEAN DELAY

La psychothérapie occupe une place importante dans l'éventail de l'arsenal thérapeutique en psychogériatrie. En effet, toute relation médecin-malade devrait avoir une portée psychothérapique, même lorsque le médecin prescrit des médicaments. C'est la raison pour laquelle on devrait former tous les médecins à exercer tel ou tel type de psychothérapie. Il est donc normal que le programme de formation du futur médecin, orienté vers la médecine globale d'ordre biopsychosocial, porte une attention toute particulière à l'enseignement de la psychothérapie.

En pratique, les médecins généralistes, qui traitent un nombre élevé de malades souffrant de troubles psychiques, jouent un rôle important dans la psychothérapie des sujets âgés. D'après une étude récente, des généralistes traitent environ 60 p. 100 des patients atteints de troubles psychologiques. De plus, entre 20 et 50 p. 100 des malades vus par les généralistes présentent des troubles psychologiques concomitants. Par conséquent, tous les médecins généralistes sont appelés à effectuer presque tous les jours la psychothérapie. En fait, la pratique médicale ne peut jamais se limiter au seul aspect biologique.

Soulignons que la psychothérapie est une thérapie et, à ce titre, elle s'adresse au patient qui souffre. Elle se place donc dans le champ de la médecine et concerne en premier lieu le médecin.

On sait que les critiques portées contre la durée, les résultats et les limites de la psychanalyse ont conduit les thérapeutes à trouver d'autres formes de psychothérapies (psychothérapie de soutien, psychothérapie d'inspiration analytique, psychothérapie brève dont la durée et le nombre de séances sont fixés à l'avance, la psychothérapie ultra-brève qui se fait seulement en une seule séance, etc.).

Dans ce chapitre, nous exposons d'abord les différents concepts actuels de la psychothérapie. Nous discutons ensuite la particularité de la psychothérapie destinée aux sujets âgés.

Concepts actuels de la psychothérapie (Adler, Jung, Rogers, Goldfarb, Freud)

D'après le concept adlérien, un idéal de supériorité motive essentiellement le comportement humain en vue de vaincre son complexe d'infériorité. Adler souligne que plus le complexe d'infériorité est profond, plus le désir de supériorité est grand. De ce fait, l'individu complexé cherche à atteindre des buts et des objectifs de plus en plus élevés et presque inaccessibles. Ceci aboutit inévitablement à l'échec, et les échecs successifs créent à la longue un véritable état paranoïde : l'individu devient méfiant et soupçonneux envers les gens, considérés comme les causes principales de ses échecs. Adler cherche à renforcer le *self-esteem* de son patient en lui expliquant que le complexe d'infériorité est un problème très répandu, que son cas n'est pas unique, qu'il a autant de valeur que les autres, etc.

Par contre, pour Jung, ce sont les aveux inavouables, jamais avoués, qui constituent le noyau central des troubles psychologiques. Il enseigne au thérapeute à créer un climat permissif, chaleureux et accueillant pour permettre au patient de livrer ses aveux inavouables. D'après Jung, beaucoup de gens souffrent de problèmes psychiques parce qu'ils n'ont trouvé personne à qui confier leurs problèmes profonds. Ici le rôle du thérapeute consiste à bien écouter le patient : « Savoir bien écouter, c'est l'ABC de toute psychothérapie. » À vrai dire, en psychothérapie, l'écoute est un acte thérapeutique. Nacht disait : « Je l'écoute et Dieu le guérit. » Malheureusement, tous les analystes n'écoutent pas leurs patients comme Nacht, ce qui explique la boutade d'un adversaire de Freud qui demande à un psychanalyste : « Comment faites-vous pour écouter tant de patients ? » Et le psychanalyste lui répond : « Qui vous a dit que je les écoute ? »

De son côté, Rogers met l'accent sur la qualité de rencontre. « Le thérapeute doit être authentique, transparent, naturel et réceptif. » D'après Rogers, un thérapeute dont le degré d'empathie et d'authenticité est élevé offre une condition meilleure, et son patient change davantage au cours de chaque entrevue. L'entrevue de Rogers ne dure habituellement que quarante-cinq minutes. Pendant les quinze premières minutes, il écoute attentivement le patient pour savoir vers quoi tendent sa pensée et ses préoccupations. Il note les mots clés et les problèmes de base qu'aborde le patient. Ensuite, il communique un résumé clair et précis de ce que le patient a exprimé. Ceci permet au patient de se concentrer encore plus pour donner d'autres renseignements importants. Finalement, au terme de l'entrevue, Rogers fait une synthèse cohérente et logique de tous les matériels rapportés par le patient. C'est la phase d'élucidation. Bref, par sa technique de répétition des mots, des phrases et des « réponses reflets », Rogers renvoie sans cesse au patient ses idées, ses sentiments, sans toutefois jamais le conseiller ni le diriger.

D'après notre expérience, la technique de Rogers convient parfaitement bien aux patients âgés, d'autant plus que ceux-ci, au cours de l'entrevue, n'ont jamais assez conscience de ce qu'ils racontent et oublient à mesure qu'ils expriment leurs problèmes. Quant à nous, nous faisons une synthèse des techniques de Rogers et de Goldfarb que nous allons décrire plus loin.

À notre avis, dans la psychothérapie des patients âgés, le climat réceptif, accueillant et chaleureux est essentiel pour calmer l'anxiété et la peur du patient. En effet, le patient âgé a toujours peur du médecin parce que dans son esprit ce dernier symbolise non seulement la guérison, mais aussi la maladie, la mort et surtout l'inconnu.

Par ailleurs, Goldfarb met l'accent sur l'efficacité de la psychothérapie abrégée chez la personne âgée. D'après lui, la psychothérapie brève peut avoir un effet positif même chez les patients âgés dont le cerveau est atteint. Sa psychothérapie est d'une durée de dix à quinze minutes, une à trois fois par semaine pour une période de deux à six mois. Ses buts sont limités et ses objectifs principaux sont les suivants :

- Analyser les problèmes importants actuels sans élaborer les vieux conflits ;
- Clarifier la nature de ces problèmes et les facteurs qui les engendrent ;

- S'informer de l'état physique du patient et de ses pertes subies ou redoutées ;
- Soulager les symptômes (douleur, anxiété, culpabilité) ;
- Calmer sa crainte de la mort ;
- Rehausser son estime de soi, afin que le patient n'ait pas honte de son âge et de son état actuel.

Goldfarb se présente au patient âgé comme un personnage puissant, capable d'influencer sa condition de vie et de lui apporter du soutien et de la protection.

Toutefois, il reste honnête et ne promet jamais quelque chose qu'il ne peut réellement offrir.

Nous estimons que la crainte de la mort constitue le noyau central de la tragédie de nos patients âgés. C'est pourquoi le thérapeute des patients âgés doit savoir suggérer d'innombrables idées optimistes sur le thème du vieillissement et de la mort. Le thérapeute doit exprimer ouvertement ses sentiments positifs envers le patient âgé, prendre la main du patient, poser sa main sur l'épaule ou autour du cou de ce dernier. En effet, le sujet âgé présente une grande sensibilité pour la communication non verbale. Il aime embrasser les enfants, les caresser, les prendre dans ses bras ; il aime ressentir la main des autres sur ses épaules, autour de son cou. « Quand vous posez votre main sur mon épaule, je me sens heureux, soutenu, soulagé », me disait récemment un de mes patients déprimés.

Par ailleurs, on sait que les animaux domestiques jouent un rôle important dans le maintien de l'harmonie affective et de l'équilibre psychique de nombreux sujets âgés. Nous avons eu l'occasion de traiter des déprimés âgés dont la dépression a été déclenchée par la disparition de leur chat ou de leur chien.

Position de Freud

Pour Freud, le pronostic d'une psychothérapie d'ordre analytique devient défavorable après l'âge de 50 ans. D'après lui, si l'âge du patient a dépassé 50 ans, il devient non accessible ou peu accessible à la psychanalyse pour les raisons suivantes :

- Manque de souplesse et de plasticité adaptative ;
- Manque de capacité d'apprentissage ;
- Résistance aux changements par l'attachement aux vieilles habitudes ;
- Émergence d'une quantité phénoménale du matériel à élaborer, ce qui risque de prolonger à l'infini la durée de la thérapie alors qu'il ne reste pas au patient beaucoup de temps à vivre ;
- Espoir dans le futur trop limité pour créer une motivation à la psychothérapie.

En effet, le patient âgé ressent un besoin urgent de faire le point avant de mourir. Il veut savoir si tous ses premiers buts se sont réalisés. Il pense que sa vie est désormais trop courte pour un nouveau départ ou pour un nouveau projet. C'est pourquoi le patient âgé nous ramène sans cesse au problème de la mort. Il cherche refuge dans le passé pour s'éloigner de la mort qui l'attend dans le futur.

Notre expérience des vingt-cinq dernières années en psychiatrie générale et récemment en psychogériatrie nous a conduit à abandonner la vue pessimiste de Freud sur l'inefficacité de la psychothérapie au cours du vieillissement. Sur le plan clinique, le résultat positif de nos expériences psychothérapiques chez les personnes âgées est tout à fait comparable à celui obtenu chez les adultes jeunes. D'ailleurs, cette opinion de Freud n'est pas partagée par tous ses disciples. Fenichel, par exemple, juge que l'analyse des patients âgés est indiquée. Quant à

Abraham, il est très optimiste en raison des bons résultats obtenus chez ses patients âgés.

Il nous semble que le patient âgé reste plus ouvert que l'individu plus jeune aux interprétations analytiques. Souvent il exprime sa satisfaction en disant qu'après chaque séance, il a le coeur plus léger et que le fait de parler lui fait un bien immense. Sur le plan clinique, on peut dire que si l'individu âgé présente pour la première fois des troubles psychiques fonctionnels, c'est qu'il a un Moi suffisamment fort pour bénéficier d'une psychothérapie d'ordre analytique. Cela implique qu'un patient âgé qui a surmonté les crises précédentes est en mesure de résoudre les crises actuelles, et c'est un élément important en faveur d'un bon pronostic. C'est dans ce contexte qu'Abraham disait que « l'âge de la névrose est plus important que l'âge du névrosé ».

Glossaire

Affect: tonalité émotive, « affect » et « émotion » sont employés souvent de façon interchangeable.

Agitation psychomotrice: hyperactivité physique et psychique généralisée.

Agnosie: incapacité de reconnaître des objets en raison d'un trouble cérébral organique.

Alzheimer: maladie dégénérative du cerveau qui survient généralement à l'âge mûr.

Ambivalence: coexistence de deux sentiments opposés à l'égard d'un même objet.

Amnésie: perte de la mémoire, oubli pathologique.

Anorexie: perte d'appétit grave.

Antidépresseur: médicament qui combat la dépression.

Anxiété: peur sans objet, d'origine intra-psychique.

Anxiolytique: médicament qui combat l'anxiété.

Aphasie: perte du langage articulé.

Apraxie: incapacité d'accomplir les tâches simples (par ex.: s'habiller) en raison d'un trouble cérébral organique.

Benzodiazépine: médicament propre à combattre l'anxiété.

Boulimie: faim excessive et pathologique.

Cognitif: se rapporte aux phénomènes du raisonnement, du jugement et de la mémoire.

Complexe d'Oedipe: attachement de l'enfant au parent du sexe opposé.

Complexe de castration: crainte de perdre des organes génitaux.

Compulsion: besoin insistant d'accomplir des actes contradictoires et absurdes.

Confusion: trouble de la conscience.

Délire: trouble de l'idéation et de la perception.

Démence: perte des facultés intellectuelles d'origine cérébrale.

Dépression: tristesse profonde et pathologique, non proportionnée à sa cause.

Dysarthrie: trouble du langage articulé.

Dysphagie: déglutition difficile ou douloureuse.

ECT: abréviation de l'électrochoc.

Endogène: qui est dû à une cause interne.

Étiologie: étude des causes de la maladie.

Euphorie: sentiment exagéré du bien-être physique et psychique.

Exogène: qui provient de l'extérieur.

Fantasme: suite imaginaire d'événements ou d'images mentales.

Frigidité: désintéressement sexuel chez les femmes.

Hallucination: perception sensorielle fausse, sans objet extérieur.

Hypocondrie: préoccupation exagérée et continuelle portant sur la santé physique et mentale.

Iatrogénique: maladie induite par les médicaments.

Incidence: nombre de cas de maladies apparues au sein d'une population pendant une période de temps donnée.

Inconscient: une partie du psychisme qui ne parvient pas à la conscience.

Insight: sens d'autocritique, prise de conscience.

Instinct de mort: force inconsciente qui vous pousse vers la mort.

Intra-psychique: qui se situe à l'intérieur du psychisme.

Libido: énergie associée à l'instinct sexuel.

Névrose: trouble d'adaptation affective provoqué par des conflits inconscients non résolus.

Panique: crise d'anxiété aiguë intense et accablante.

Prévalence: nombre de cas de maladies enregistré dans une population déterminée.

Pronostic : jugement porté sur l'avenir d'une maladie.

Psychose : maladie psychiatrique caractérisée par des idées, des sentiments et des comportements anormaux. Elle s'accompagne habituellement de perte de contact avec la réalité, de délire et d'hallucinations.

Psychose maniaco-dépressive (ou désordre affectif bipolaire) : maladie caractérisée par l'altération de l'humeur (exaltation — dépression) et par une tendance aux rémissions et aux récidives.

Schizophrénie : trouble affectif grave d'intensité psychotique.

Sismothérapie : traitement avec l'électrochoc.

Stéréotypie : répétition automatique d'une activité.

Vaginisme : spasme vaginal douloureux au cours du coït, souvent d'origine psychique.

Bibliographie

Dépression et suicide

Bachelard, G., *La Psychanalyse du feu,* Paris, Gallimard, 1949.

Barraclough, B.M., *Suicide in the Elderly,* London, Ed. Headley Bros. Ltd. 1971, p. 198-205.

Boiffin, A. et J.C. Arhousse Baptiste, « Le Vieillard déprimé », *Gérontologie,* 1979, n° 39, p. 2993-3003.

Bourgeois, M., « Suicide par le feu à la manière des bonzes », *Annales Médico-Psychologiques,* juin 1969, n° 2, p. 116-127.

Bourlière, F., *Gérontologie, biologie et clinique,* Paris, Flammarion, 1982, p. 289-293.

Deshaies, G., *Psychologie du suicide,* Paris, P.U.F., 1947.

Miller, M., « Geriatric Suicide », *The Gerontologist,* 1978, n° 18, p. 488-495.

Mishara, B.L. et R.G. Riedel, *Le Vieillissement,* Paris, P.U.F., 1984, p. 198-205.

Moamai, N., « Le Point actuel sur l'électrochoc », *Union Médicale du Canada,* mars 1980, p. 1-3.

Pelicier, Y., « Le Suicide au cours du 3e âge », *Actualité de gérontologie,* 1978, n° 5, p. 54-58.

Ratter, J.B., « Generalized expectancies for internal versus external control of reinforcement », *Psychological Monography,* 1966, n° 80, p. 601-609.

Robins, L., P. Est, et G. Murphy, « The high rate suicide in older white men : A study testing hypotheses », *Social Psychiatry,* 1977, n° 12, p. 1-20.

Troubles du sommeil

Baker, Th. L., « Introduction of sleep and sleepdisorders », *Medical Clinics of North America,* 1985, n° 6, p. 1123-52.

Balter, M.B., M.L. Bauer, *Patterns of Prescribing and Use of Hypnotics in the United States,* Amsterdam, Hollande, Clift, ed. Excerpta Medica, 1975, p. 406.

Basen, M.M., «The Elderly and Drugs», *Public Health Report,* 1977, n° 92, p. 38-43.

Broughton, R., «Neurology and Sleep Research», *Canadian Psychiatric Association J.,* 1971, n° 16, p. 283-293.

Dement, W.C., M.A. Milesle, «White Paper on Sleep and Aging», *Journal Geriatric Society,* 1982, n° 30, p. 30-40.

Ey, H., G.C. Lairy, M. Barros-Ferreira, L. Goldsteinas, *Psychophysiologie du sommeil et psychiatrie,* Paris, éd. Masson, 1975, p. 309.

Feinberg, L., R.L. Koresko et N. Heller, «EEG Sleep Patterns as a Function of Normal and Pathological Aging in Man», *Journal Psychiatric Research,* 1973, n° 5, p. 107-144.

Goldson, R.L., «The management of Sleep Disorders in the Elderly», *Drugs,* 1981, n° 21, p. 390.

Greenblatt, D.J., R.I. Shader, «The Clinical Choice of Sedative Hypnotics», *Ann. Intern. Med.,* 1972, n° 77, p. 91-99.

Guilleminault, C., «Obstructive Sleep Apnea», *Medical Clinics of North America,* 1985, n° 6, p. 1187-1203.

Guttman, D., «A Survey of Drug-Taking Behaviour of the Elderly», *National Institute of Drug Abuse Services Research Report,* 1987.

Hammond, E., «Some Preliminary Findings on Physical Complaints from a Prospective Study of 10 644 Men and Women», *American Journal Public Health,* 1964, n° 54, p. 11.

Hayashi, Y., E. Otomo, S. Endo, H. Watanab, «The All Night Polygraphics for Healthy Aged Persons», *Sleep Research,* 1979, n° 8, p. 122.

Johns, S.M., *Sleep and Hypnotics,* 1975, n° 9, p. 456.

Jouvet, M., *Biogenic Amines and the States of Sleep,* 1969, n° 163, p. 32-41.

Koskenvuo, M., «Snoring as Risk Factor for Hypertension and Angina Pectoris», *The Lancet,* 1985, n° 843, p. 893-895.

McGhie, A., S.M. Russel, «Subjective Assessment of Normal Sleep Patterns», *Journal Ment. Sci.,* 1982, n° 108, p. 642.

Oswald, I., «The Why and How of Hypnotic Drugs», *British Medical Journal,* 1979, n° 1, p. 11-67.

Sexualité chez le vieillard

Beauvoir, Simone de, *La Vieillesse,* Paris, Gallimard, 1970.

Beltrami, E., E. Couture, «Les dysfonctions sexuelles», *in Psychiatrie clinique, approche contemporaine,* Éd. Gaétan Morin, Québec, 1980.

Bonnet, G., « Comportements sexuels », Paris, Encyclopédie médicale chirurgicale, *Psychiatrie*, 37390 A10, 2-1985, 26 p.

Kinsey, A.C. et coll., *Le comportement sexuel de la femme*, Paris, Amiot / Dumont, 1954.

Master, W.H., V.E. Johnson, *Les réactions sexuelles*, Paris, Laffont, 1971.

Waynberg, V., « Réflexions sur les stress sexologiques dans les processus du vieillissement », *Revue de gériatrie*, 1980, vol. 5, n° 3,

Syndrome du vieillard battu

Antunes, G.E. et coll., « Patterns of personal crime against the elderly : Findings from a national survey », *Gerontologist*, August 1977, *17* (4), p. 321-327.

Block, R. et J.D. Sinnott, *The battered elder syndrome: An exploratory study*, Maryland, Center on Aging, University of Maryland. College Park, 1979.

Bragg, D.F., « Abuse of the Elderly — The Hidden Agenda. II. Future Research and Remediation », *Journal of American Geriatrics Society*. Vol. 29, n° 11, 1981, p. 503-507.

Briley, M. « Battered Parents », *Dynamic Years,* janvier-février 1979, p. 24-27.

Byles, J.A., « Family Violence in Hamilton », *Canada's Mental Health,* Vol. 28, n° 1, mars 1980, p. 4-6.

Callahan, J.J., « Elder Abuse Programming — Will it help the Elderly ? », *The Urban and Social Change Review,* Vol. 15, n° 2, 1982, p. 15.

Chaplin, L., « The Battered Elderly », *Geriatrics,* Vol. 37, n° 7, 1982, p. 115-116.

Chen, P.N. et coll., « Elderly Abuse in Domestic Setting — A Pilot Study », *Journal of Gerontological Social Work,* Vol. 4, n° 1, 1981, p. 3.

Cormier, Bruno et coll., « Adolescents Who Kill Members of the Family », *Family Violence: An International and Interdisciplinary Study,* John M. Eekelaar and Sanford N. Katz, eds., Toronto, Butterworths, 1978, p. 466-478.

Denzin, Norman F., « Toward a Phenomenology of Domestic, Family Violence », *American Journal of Sociology,* Vol. 90, n° 3, novembre 1984, p. 483-513.

Douglass, Richard L., « Domestic Neglect & Abuse of the Elderly : Implications for Research & Service », *Family Relations,* Vol. 32, n° 3, juillet 83, p. 395-402.

Gelles, Richard J., « Applying Research on Family Violence to Clinical Practices », *Journal of Marriage and the Family,* Vol. 44, n° 1, février 1982, p. 9-20.

Genovese, Rosalie, ed., « Domestic Violence : Report to the Governor and the Legislature — New York State Task Force on Domestic Violence », *Families and Change — Social Needs and Public Policies*, New York, Praeger, 1984, p. 273-283.

Giordano, N.H. et H.A. Giordano, « Elder Abuse — A Review of the Literature », *Social Work*, Vol. 29, n° 3, 1984, p. 232.

Goldsmith, J. et S. Goldsmith, *Crime and the Elderly: Challenge and Response*, Lexington, Mass., Lexington Books, D.C. Heath and Co., 1976.

Goldstein, S.E., « The Elderly — Abused or Abusers », *Canadian Medical Association Journal*, Vol. 127, n° 6, 1982, p. 455-456.

Harbjn, H.T., « Violence Against Parents », *Medical Aspects of Human Sexuality*, Vol. 19, n° 9, 1983, p. 20-44.

Johnson, John M., ed. Issue on « New Research in Family Violence », *Journal of Family Issues*, Vol. 2, n° 4, décembre 1981.

Kratcoski, P.C. et L.D. Kratcoski, « Turning the Tables — Adolescents' Violent Behavior Toward their Parents », *USA Today*, n° 110, 1982, p. 21.

Marmor, J., « Psychosocial roots of violence », *in* R. Sadoff (ed.), *Violence and responsibility*, New York, SP Medical and Scientific Books, 1978.

Michot, Y.A., *La violence*. Paris, PUF, 1973.

Omalley, T.A. et coll., « Categories of Family Mediated Abuse and Neglect of Elderly Persons », *Journal of the American Geriatric Society*, Vol. 32, n° 5, 1984, p. 362.

Palincsar, J., « The Physician's Role in Detecting and Reporting Elderly Abuse », *Journal of Legal Medecine*, Vol. 3, n° 3, 1982, p. 413-441.

Pedrick-Cornell, Claire et Richard J. Gelles, « Elder Abuse : The Status of Current Knowledge », *Family Relations*, Vol. 31, n° 3, juillet 1982, p. 457-465.

Phillips, L.R., « Abuse and Neglect of the Frail Elderly at Home — An exploration of Theoretical Relationships », *Journal of Advanced Nursing*, Vol. 8, n° 5, 1983, p. 379.

Rathbohe-McCuan, E., « Case Detection of Abused Elderly Parents », *American Journal of Psychiatry*, Vol. 139, n° 2, 1982, p. 189-192.

Smith, R.J., *Crime against the elderly: Implications for policy-makers and practitioners*, Washington, D.C., The International Federation on Aging, 1979.

Wolf, R., « Senior citizen survey : An aid to designing prevention programs », *The Police Chief*, février 1977, 44 (2), p. 27-29.

Livres de référence utiles au lecteur

Bellak, L., T.B., Karassu, *Geriatric Psychiatry,* New York, Ed. Grune-Stratton, 1976.

Bourlier, F., *Gérontologie, biologie et clinique,* Paris, Éd. Flammarion, 1982.

Busse, E.W., D.G. Blazer, *Handbook of Geriatric Psychiatry,* New York, Éd. WNR, 1980.

Mishara, B.L., R.G. Riedel, *Le Vieillissement,* Paris, PUF, 1984.

Simeone, I., G. Abraham, *Introduction à la psychogériatrie,* Paris, Éd. SIMEP, 1984.

Table des matières

La composition de ce volume
a été réalisée par
les Ateliers de La Presse, Ltée

Lithographié au Canada
sur les presses de
Métropole Litho Inc.